SENTIR-SE SÓ

Coleção ASPECTOS DE PSICOLOGIA
- *Chaves para a Psicologia do Desenvolvimento*: Vida pré-natal. Etapas da infância (Tomo 1) — Maria Cristina Griffa e José Eduardo Moreno
- *Chaves para a Psicologia do Desenvolvimento*: Adolescência. Vida adulta. Velhice (Tomo 2) — Maria Cristina Griffa e José Eduardo Moreno
- *O psicopata*: um camaleão na sociedade atual — Vicente Garrido
- *Psicologia da Educação*: a observação científica como metodologia de estudo — Silvia Perini
- *Sentir-se só* — Maria Miceli

Maria Miceli

SENTIR-SE SÓ

Paulinas

Dados Internacionais de Catalogação na Publicação (CIP)
(Câmara Brasileira do Livro, SP, Brasil)

Miceli, Maria
  Sentir-se só / Maria Miceli ; [tradução Antonio Efro Feltrin]. — São Paulo : Paulinas, 2006. — (Coleção aspectos de psicologia)

  Título original: Sentirsi soli.
  Bibliografia.
  ISBN 85-356-1783-3
  ISBN 88-15-09448-2 (Ed. original)

  1. Solidão 2. Solidão - Aspectos psicológicos I. Título. II. Série.

06-3193   CDD-155.92

Índice para catálogo sistemático:
1. Solidão : Influência do ambiente social : Psicologia   155.92

Título original: *Sentirsi soli*
© 2003 by Società editrice il Mulino, Bologna

Citações bíblicas: *Bíblia Sagrada* — Tradução da CNBB, 2002.

Direção-geral: *Flávia Reginatto*
Editora responsável: *Celina H. Weschenfelder*
Assistente de edição: *Marília Muraro*
Tradução: *Antonio Efro Feltrin*
Copidesque: *Cristina Paixão Lopes*
Coordenação de revisão: *Andréia Schweitzer*
Revisão: *Mônica Elaine G. S. da Costa*
Leonilda Menossi
Direção de arte: *Irma Cipriani*
Gerente de produção: *Felício Calegaro Neto*
Capa e editoração: *Telma Custódio*

Nenhuma parte desta obra poderá ser reproduzida ou transmitida por qualquer forma e/ou quaisquer meios (eletrônico ou mecânico, incluindo fotocópia e gravação) ou arquivada em qualquer sistema ou banco de dados sem permissão escrita da Editora. Direitos reservados.

Paulinas
Rua Pedro de Toledo, 164
04039-000 – São Paulo – SP (Brasil)
Tel.: (11) 2125-3549 – Fax: (11) 2125-3548
http://www.paulinas.org.br – editora@paulinas.org.br
Telemarketing: 0800-7010081
© Pia Sociedade Filhas de São Paulo – São Paulo, 2006

SUMÁRIO

Introdução

I. Solidão: condição universal ou epidemia contemporânea?

II. Estar só e sentir-se só

III. Fatores objetivos: gênero, estado civil, idade

IV. Fatores subjetivos: entre as necessidades sociais e as interpretações pessoais

V. Solidão, baixa auto-estima e depressão: estradas de mão dupla?

VI. Como intervir?

VII. Entre a necessidade dos outros e a necessidade de si mesmo

Nota bibliográfica

Introdução

O poeta Rupert Brooke conta que, num navio que partia da Inglaterra rumo à América, foi tomado por uma grande onda de solidão. Enquanto para todos os outros passageiros havia alguém que os saudava, abraçava e beijava, ele não tinha ninguém; ninguém que lhe mostrasse que sentiria sua falta. Brooke observou um menino ali perto e teve um impulso irresistível. Perguntou-lhe se queria ganhar uma moeda em troca de um pequeno serviço: saudá-lo enquanto o navio zarpava. O menino assentiu com entusiasmo. E assim, conta o poeta, "havia pessoas que choravam, havia quem agitava um lenço branco e quem abanava o chapéu de palha. E eu? Eu tinha William, que, por seis xelins, me saudava agitando seu lenço vermelho e ajudava a não me sentir completamente só".

Casos como este são menos raros do que se possa imaginar. Uma pessoa, depois de ter publicado no jornal uma inserção que dizia mais ou menos: "Estou disposto a ouvir, sem comentários, a conversa de alguém, por meia hora, em troca de cinco dólares", começou a receber de dez a vinte telefonemas por dia. Trata-se de exemplos talvez extremos, mas emblemáticos. Dão a medida da intensidade do sofrimento da solidão e dos recursos, às vezes paradoxais, que estamos dispostos a usar para mitigar a dor. Madre Teresa de Calcutá, que dedicou a própria vida ao serviço dos pobres e dos doentes, afirmou que a doença mais grave não é a lepra nem o câncer, mas o sofrimento causado por sentir-se "descuidado, indesejado, abandonado e só".

A experiência da solidão, em formas e medidas variáveis, é grandemente partilhada. Mil razões diferentes podem provocá-la. Mudamo-nos para uma outra cidade, ou então trocamos de trabalho, e nos encontramos em um ambiente estranho. Temos uma vida repleta de deveres, sem tempo livre para os amigos, ou para a família, ou, ao contrário, nosso dia está cheio de tempos mortos e de inatividade, na busca enfadonha de alguma coisa para fazer, à espera de alguém que nos procure ou responda ao nosso convite. Nossa infância foi pobre de afetos e de relacionamentos significativos, e nos deixou por dentro um vazio que não pode ser preenchido. Somos doentes, física ou psiquicamente, e nos sentimos marginalizados. Sofremos um luto, uma separação, a ruptura de um relacionamento e a pessoa que nos falta é, para nós, insubstituível. Sentimo-nos estranhos ao ambiente que nos rodeia, diferentes e incompreendidos, porque temos interesses e valores que os outros não compartilham (ou assim acreditamos). Somos muito agressivos e competitivos, e os outros se esquivam. Ou, então, somos muito tímidos, temos dificuldade para nos comunicar e fazer amizade, e os outros nos ignoram. Somos pouco atraentes ou interessantes, ou tememos sê-lo, e evitamos os outros com medo de seu julgamento. Muitas outras causas ou fatores desencadeantes poderiam ser acrescentados a essa lista. A solidão parece não perdoar ninguém: como provam numerosas pesquisas de psicologia social, atinge homens e mulheres de qualquer idade e de todas as condições sociais ou áreas geográficas. Dos contatos do Telefone Amigo* aprendemos que é o principal motivo das ligações, em busca de ajuda e, sobretudo, de desabafo.

Nas formas mais sérias, agudas ou crônicas, a solidão encontra-se associada a fenômenos graves. Até a saúde física parece correr maiores riscos em situações de isolamento. Numerosas pesquisas realizadas na década de 1990, com amplas amostras de população (especialmente norte-americana), dizem que as pessoas isoladas que gozam de boa saúde têm, nos dez anos seguintes, pelo menos o dobro de probabilidade de contrair doenças de vários tipos em relação às pessoas não isoladas. Por "pessoas isoladas" não entendemos somente aquelas que vivem sozinhas ou afastadas de estruturas que fornecem recursos médicos (por exemplo, um serviço de pronto-socorro) ou materiais em geral, como um parente ou um vizinho que saiba do estado de saúde da pessoa e possa prestar auxílio prático necessário: correm riscos análogos também as pessoas que não têm apoio psicológico, sem amigos com os quais possam desabafar e de

---

* Corresponde, no Brasil, ao CVV — Centro de Valorização da Vida (N. E.).

quem possam receber conforto. Parece, realmente, que a presença de pessoas queridas com as quais possam ser divididas preocupações e esperanças oferece uma verdadeira rede de apoio que incide exatamente sobre a resistência do sistema imunológico ou, então, permite retardar o declínio das defesas. A falta de laços satisfatórios predispõe à doença tanto quanto o fumo, a obesidade ou a pressão alta. E não se trata de afirmações hiperbólicas, absolutamente. A solidão favorece o surgimento de uma variedade de distúrbios, entre os quais a própria hipertensão, como também a insônia, a cefaléia, a astenia e os problemas de alimentação.

Entre as causas de suicídios e de tentativas de suicídio, a solidão é uma das mais freqüentes. A relação da solidão com a depressão e com a baixa auto-estima é, como veremos, muito forte e complexa. Várias formas de neuroses, sintomas de ansiedade, tendências agressivas, alcoolismo, dependência química estão fortemente associadas a problemas de solidão.

Estas são todas razões pelas quais é importante estudar a solidão. E, geralmente, compreender a solidão pode ajudar a perceber o que desejamos ou esperamos dos outros. A compreensão de como é o "estágio zero" dos relacionamentos interpessoais pode nos auxiliar a entender nossas necessidades sociais, a oferecer uma perspectiva nova que permita cuidar da intimidade, da amizade, do amor.

Neste livro, iremos nos ocupar especialmente do sofrimento da solidão. Na realidade, existe também um lado positivo, uma solidão "boa", muitas vezes favorecida pelo isolamento físico: trata-se de uma condição muito particular de "comunhão consigo mesmo", de momentos de graça nos quais tomamos consciência, com grande intensidade e clareza, da nossa individualidade, do nosso "eu" mais autêntico. Essa solidão, no entanto, não é o ponto de partida dos relacionamentos sociais, porque é sempre um estar *com* alguém: consigo mesmo.

Trataremos tanto da "solidão" quanto do "sentir-se só", com todas as implicações negativas que isso envolve. Faremos também incursão no "estar sozinho", porque esse estado, além de criar as condições para o "sentir-se só", pode ajudar a superar o sentimento de solidão. Examinaremos as ligações entre o sentimento de solidão e vários fatores objetivos, como as diferenças entre os sexos, de estado civil, de idade, de condição social e econômica. Passaremos depois à relação entre a solidão e a frustração de necessidades sociais específicas, além da necessidade de intimidade e afeição, e de pertença a uma comunidade. Procuraremos compreender que papéis desempenham, em tudo isso, as nossas aspirações, nossos desejos, nossas expectativas sobre os outros e sobre nossas relações com eles, como também a importância que têm as explicações que nos damos quando estas expectativas são frustradas. Exploraremos as relações intrincadas da solidão com a pouca competência social, a baixa auto-estima e a depressão. Veremos, finalmente, quais estratégias e expedientes podem ser adotados para combater o sentimento de solidão.

Nesse percurso, procuraremos conhecer os elementos de semelhança entre as várias experiências de solidão, isto é, o núcleo que as une. Ao mesmo tempo, porém, tentaremos não descuidar dos elementos distintivos de cada uma. Existem, de fato, solidões muito diferentes. A solidão da senhora da alta sociedade, que se arrasta de uma sala de visitas para outra, de um jogo de buraco para uma tarde beneficente, é de fato muito diferente da solidão de um idoso que precisa de assistência; a solidão do desempregado em busca de trabalho ou do sem-teto que vive pela rua é diferente da solidão do adolescente burguês que não se sente compreendido pelos pais. E, também, sem recorrer a casos tão extremos, dentro de um mesmo contexto social podemos encontrar diversas solidões. Tomemos como exemplo dois jovens que confidenciam seus problemas nos *chats* da internet. Ambos se sentem sozinhos e "diferentes" dos outros. Mas a solidão deles não é exatamente da mesma natureza. A primeira tem o peso de não saber como passar a tarde do sábado, e está preocupada se vai fazer feio se revelar a alguém que fica em casa enquanto os outros saem para se divertir:

> Minha cruz é a tarde do sábado... passo sempre e constantemente em casa... por quê? Resposta simples: porque não tenho nenhum ami-

go com quem sair... é detestável ter de inventar desculpas quando os conhecidos perguntam: "O que você fez no fim de semana?" Mas, por outro lado, que figura faria... se dissesse: "Sabe, fiquei em casa porque não posso fazer outra coisa". Tenho 21 anos, mas, por dentro, sinto-me com 200... não escondo que me vejo cada vez mais desmoralizada e, sobretudo, sozinha. Sinto-me uma diferente, alguém que não merece viver... quando, talvez, na realidade, sou eu que não queira viver... não sei. Só sei que sofro...

O rapaz, pelo contrário, declara com amargura que está sozinho porque procura ser "ele mesmo"; é um solitário enganado pelos outros, especialmente por seus colegas, com os quais sente que não partilha os interesses e a moda:

Não saio mais à noite: comecei a sair quando tinha 14-15 anos, como todos os rapazes. Vi que não me divertia e deixei de sair... Passar a noite num lugar cheio de fumaça e barulho, bebendo... vagabundeando de um lugar para outro, e voltar para casa às três da madrugada, com parada para o vômito e numerosos riscos de incidentes... é uma coisa que não me interessa... nessa sociedade, se alguém é ele mesmo então é *out*... nunca vou conseguir encher o vazio que existe em minha vida, a não ser que encontre uma garota como eu... que simplesmente não existe... todas querem estar em companhia de alguém e se divertir como determina a moda atual...

Mesmo quando colocamos em confronto a solidão em virtude da perda da pessoa amada, podemos encontrar sentimentos muito diversos. Uma diferença evidente está ligada às causas dessa perda. Uma viúva, por exemplo, pode falar do marido com muita saudade e da própria solidão com tristeza infinita:

Tínhamos celebrado 60 anos de casamento. No longo caminho de nossa vida... houve momentos difíceis, mas, com um pouco de paciência, fomos superando. Quando ficamos velhos temos mais necessidade de estar juntos, especialmente por causa da saúde, que começa a faltar. Para nos ajudar, às vezes bastava um sorriso. Quando ele sentia dores, dizia-lhe: "Coragem!". Quando passava, eu também ficava feliz. Mas, infelizmente, meu marido morreu e fiquei sozinha.

Minha vida é como um precipício profundo, restou somente uma tristeza infinita, sem esperança...

E também uma senhora abandonada, cuja solidão é feita de amargura e raiva, sentimento de humilhação e vergonha:

Não se deixa uma pessoa fraca nessas condições, depois que se lhe ofereceu um braço no qual se apoiar. Vergonha!... Usar uma pessoa para provar para si mesmo que pode ser amado é uma vergonha... Encher a cabeça de sonhos e de esperanças é uma envergonha... Não ter a fraqueza e a ternura de chamar uma pessoa que sofre por nossa causa e perguntar-lhe "como está?" é uma vergonha... e você também tem de se envergonhar. Humilhar-se desse jeito é uma vergonha. Não ter consciência do próprio valor e querer dar-se a quem não nos quer é uma vergonha. Escrever letras mortas é uma vergonha.

Este livro se propõe dar voz a tantas "solidões" e às diversas formas de sofrimento que as acompanham. Procurará fazê-lo sem retórica nem complacências excessivas, com o respeito que todo sofrimento merece, e com o desejo de oferecer ao leitor um ponto de partida para reconhecer algo de si mesmo nas experiências com as quais nos defrontaremos.

CAPÍTULO I

Solidão: condição universal ou epidemia contemporânea?

A solidão é algo mais que uma experiência difusa. Sob certos aspectos, é uma experiência *necessária*, inevitavelmente ligada à condição humana. É nossa própria individualidade que nos impõe a solidão; não é possível fugir dela senão à custa de perder nossa identidade. Apenas nos percebemos como indivíduos autônomos quando tomamos consciência de sermos entidades separadas, diferentes dos outros. Também quando estamos profundamente ligados a alguém e com ele partilhamos as alegrias e as dores, percebemos que, como diz Laing, "ele não é eu, e eu não sou ele. Embora possa fazer-nos sentir sós ou tristes, nossa própria existência é solidão". O psicólogo James Howard, com tons ainda mais duros e desoladores, descreve os indivíduos como prisioneiros reclusos em "gaiolas de ouro", das quais não podem sair e nas quais nenhum outro pode entrar, e sublinha que as sensações e os pensamentos de cada um têm um caráter inevitavelmente único e privado e são fundamentalmente incomunicáveis. Muitas vezes a comunicação com os outros é só uma ilusão, porque nossa linguagem particular é compreensível somente dentro de nossa "gaiola". Ou, quando muito, o trabalho de "tradução" que somos obrigados a fazer empobrece ou deforma o significado original de nossa mensagem.

1. Diante de nós mesmos

A solidão existencial consente, porém, em tomar consciência de nossa natureza mais íntima e profunda, colocando, como diz Emily Dickinson, a alma diante de si mesma:

> Há uma solidão no céu
> uma solidão no mar,
> uma solidão na morte.

> Mas fazem todas companhia
> comparadas a este local profundo,
> esta polar intimidade,
> uma alma que reconhece a si mesma,
> finita infinidade.

Há, de fato, quem proponha uma visão mais positiva da solidão existencial. Esta última, porquanto terrivelmente dolorosa, é considerada condição essencial para o crescimento e o enriquecimento individual, possível somente quando, sem máscaras ou fugas, aceitamos, finalmente, encontrar-nos diante de nós mesmos. Antes, é necessário tomar plena consciência da própria solidão existencial, porque evitá-la ou negá-la, além de excluir importantes possibilidades de crescimento, levaria à alienação de si. James Hillman, um dos maiores herdeiros do pensamento de Jung, afirma que a solidão "arquetípica", isto é, originária e intrínseca a nossa condição humana, é insuprível e necessária:

> Estar vivo é também se sentir só. A solidão vem e vai, independentemente das atitudes que possamos tomar. Não depende de estar sozinho, literalmente, porque podemos experimentar golpes de solidão enquanto estamos no meio de nossos amigos, na cama com a pessoa amada, ao microfone diante de uma multidão em festa. Quando os sentimentos de solidão são vistos como arquétipos, tornam-se, então, necessários; não são mais anunciadores de culpas, de terrores, de um estado doentio... se olharmos (ou melhor, sentirmos) de perto o sentimento de solidão, descobriremos que é composto de diversos elementos: saudade, tristeza, silêncio e um desejo forte da imaginação orientado para alguma coisa que não está aqui e agora. Para que estes componentes e imagens se mostrem, devemos, antes de tudo, focar a atenção sobre eles, antes que reste saber como remediar o fato de estar sozinho... o desespero torna-se pior quando procuramos os caminhos para sair dele.

Além de universalmente compartilhada, a solidão existencial é também, a seu modo, interessante. Nela percebemos, confusamente, uma grandeza que a torna fascinante. Trata-se, em parte, do fascínio exercido pela sabedoria que se conquista com a dor: "Sábio não é alguém que não conheça a escuridão que, ligeira e implacável, o separa de todos", disse Herman Hesse em uma poesia. Mas há ainda um outro componente atrativo, ligado ao precedente: é o fascínio da liberdade que, conquistada por meio do conhecimento, leva, no entanto, à solidão. Uma solidão tão heróica e grandiosa quanto total e irremediável, como aquela de Prometeu. Prometeu é um titã, um semideus que, movido pela piedade para com os homens, ainda primitivos e prisioneiros do próprio medo e ignorância, rebela-se contra os deuses e rouba-lhes o fogo — recurso de extraordinária importância para a evolução da humanidade, simbolizando a luz do conhecimento — para dá-lo aos homens. Segundo o mito, os deuses, irados, puniram-no prendendo-o nas ásperas e desoladas montanhas do Cáucaso e infligindo-lhe um suplício atroz: um abutre devora-lhe o fígado (a coragem?), que se recupera para ser novamente devorado, eternamente. De fato, Prometeu, com seu gesto extremo de liberdade e amor (quer pelo conhecimento, quer pela humanidade incapaz de resgatar-se por si mesma), condenou-se a uma heróica solidão. Embora tenha beneficiado os homens, não poderá mais voltar para o meio deles, porque com seu gesto tornou-se muito diferente de qualquer outra criatura.

2. Precisar dos outros

A religião, a filosofia e a literatura sempre se ocuparam da solidão, como testemunho de sua universalidade. Os exemplos são inumeráveis. A Bíblia conta no Gênesis:

> No princípio, Deus criou o céu e a terra. A terra estava deserta e vazia, as trevas cobriam o abismo e o Espírito de Deus pairava sobre as águas. [...] Deus disse: "Façamos o ser humano à nossa imagem e segundo nossa semelhança, para que domine sobre os peixes do mar, as aves do céu, os animais domésticos, todos os animais selvagens e todos os animais que se movem pelo chão" (Gn 1,1.26).

E criou Adão. Mas, apesar das maravilhas do paraíso terrestre e da supremacia sobre todas as outras criaturas, Adão sentia-se insatisfeito. Deus compreendeu sua insatisfação e decidiu dar-lhe uma companheira: "Não é bom que o homem esteja só. Vou fazer-lhe uma auxiliar que lhe corresponda" (Gn 2,18). A resposta de Adão foi uma exclamação de alegria: "Desta vez sim, é osso dos meus ossos e carne da minha carne". Finalmente, não estava mais sozinho.

Também as *Upanishad*, antigas escrituras indianas, narram que "no início existia Atman, o Espírito que tinha forma de homem", mas não era feliz, porque "um homem que está sozinho não tem nenhuma alegria". Desejou, então, um outro ser diferente de si, e logo se tornou grande como um homem e uma mulher unidos, juntos. Depois, dividiu o próprio eu em dois, e assim nasceram marido e mulher. E disse: "Nós dois somos (cada um de nós) como metade de uma concha do mar".

Platão retoma em *Simpósio* uma variante desse mito, narrando a Aristófanes que a raça humana era originalmente hermafrodita, homem e mulher fundidos, e era tão forte e impávida que ousava "subir ao céu para atentar contra as divindades". Então Zeus, preocupado e indignado, decidiu dividir em dois a figura humana:

> Ora, depois da divisão ao meio da figura humana, cada parte chorava a sua metade e aderia a ela; era todo um entrelaçar-se de braços, um nó vivo, como uma febre de fundir-se ainda, tanto que morriam de prostração, de total inércia, pois não se acostumavam a fazer sequer um movimento sem o outro. E a cada morte de uma das duas metades, a que sobrevivia, a abandonada, não fazia outra coisa senão procurar a outra sua metade, criava raízes... Há quanto tempo, veja, enraizou-se o Eros, a recíproca atração nos viventes: Eros, reunificador da forma originária, todo empenhado em criar a unidade do casal, em medicar esta nossa integridade humana.

Estes estupendos hinos de amor pressupõem todos um absoluto e original sentimento de solidão e vazio. A solidão como falta, ou melhor, como perda de uma unidade e uma plenitude primordial está, portanto, na origem do amor, da desesperada necessidade do "outro". Para testemunhar a dificuldade de satisfazer essa necessidade, deve-se notar que o outro, embora diferente, deve, ao mesmo tempo, ser bastante semelhante a nós (por isso, *nasce* de nós: da costela de Adão ou do Hermafrodita original) para permitir a partilha e a união.

A grande necessidade de contato, físico e psicológico, de afeição, de partilha, de pertença a um grupo, é outra característica determinante da espécie humana. Aristóteles afirma: "O homem isolado, incapaz de compartilhar os benefícios da associação, ou que não tem qualquer necessidade desta partilha porque já é auto-suficiente [...] deve ser um animal ou um deus". Isto é, não é um homem. Desde Aristóteles até a biologia e a psicologia evolucionista, a natureza fundamentalmente social do homem foi amplamente teorizada e afirmada por provas empíricas. Assim como o Deus do Gênesis que define "não boa" a solidão de Adão (e é a primeira coisa que Deus considera má, antes ainda do pecado original), também os evolucionistas afirmam que os prolongados relacionamentos de dependência e afeição entre as crianças e os adultos, a associação, a pertença ao grupo, são caracteres constitutivos e funcionais do ser humano. Este, como também todos os primatas, é uma espécie social, e a ausência de sociabilidade põe em risco sua sobrevivência e boa adaptação. Algumas espécies de macacos morrem se abandonados pelas mães, e até breves separações parecem incidir negativamente sobre sua capacidade de entrar, em seguida, em relação com os próprios semelhantes, comprometendo sua adaptação. Algo parecido acontece também com as crianças, como já na década de 1940 demonstraram as famosas pesquisas realizadas por Spitz com crianças pequenas (de 6 a 8 meses) recolhidas em orfanatos. Sua mortalidade era extraordinariamente alta (de 37% até 90% do total de internados), mesmo em condições sanitárias adequadas, enquanto os sobreviventes, poucos meses depois da internação, mostravam sinais evidentes de grave retardo no crescimento. O problema fundamental dessas crianças era a falta de contato, físico e social: não eram carregadas nos braços, não eram acariciadas, ninguém brincava com elas; de seus berços, revestidos lateralmente com tecidos, não podiam ver senão o teto; até na hora de mamar, eram deixadas a sós com a mamadeira.

3. A multidão solitária

Se bem lembramos as considerações feitas há pouco, sobre a inevitabilidade da solidão existencial, disso resulta um quadro ainda mais dramático: o homem parece condenado à infelicidade, porque, pela sua natureza, não pode fugir nem da solidão nem de precisar dos outros. E a solidão e a necessidade (insatisfeita) dos outros parecem reforçar-se reciprocamente, num balanço infinito.

De Platão e Sêneca a Kierkegaard, Schopenhauer, Nietzsche, Heidegger, Sartre, Abbagnano e muitos outros, a filosofia enfrenta mil conflitos e implicações da solidão existencial, e o mesmo acontece na arte. Ou melhor, há quem afirme, como Thomas Parkinson, que a solidão é, no fundo, o único tema da literatura e da arte em geral, porque esta última consiste essencialmente em exprimir a "realidade fundamental da solidão humana".

Este aspecto é particularmente evidente na literatura moderna. As obras de autores como Joyce, Kafka, Proust, Eliot são, de fato, povoadas por personagens que vivem isolados, murados dentro de si e incapazes de relações significativas com os outros. Encontramos um exemplo emblemático disso nestes versos amargurados de T. S. Eliot:

> Ouvi a chave
> girar na porta uma vez, e girar uma vez somente.
> Nós pensamos na chave, cada um na sua prisão.
> Pensando na chave, cada um confirma uma prisão.

É indiscutível a insistência com que, em tempos recentes, aparece o tema da solidão. Mesmo sendo uma experiência universal, a solidão dos nossos tempos talvez tenha se tornado mais aguda. As avançadas hipóteses explicativas, do ponto de vista da sociologia, são numerosas e nem todas, como veremos, confirmadas pelas pesquisas empíricas.

Há quem relacione a solidão com a grande mobilidade e instabilidade características da sociedade moderna ocidental (e, particularmente, norte-americana): as contínuas mudanças de residência e de emprego nos impediriam de "fincar raízes", de ter um lugar e uma comunidade aos quais sentíssemos realmente pertencer, e imporiam repetidas e difíceis adaptações a novos ambientes e relacionamentos, percebidos como pouco significativos porque precários, e substituíveis, em breve tempo, por outros e ainda outros.

Há também quem situe a solidão contemporânea em relação íntima com os valores da exterioridade, da busca de popularidade, aprovação e consideração social. Essa orientação para o externo, para a imagem que queremos passar aos outros, observa David Riesman, nos leva à não-autenticidade, à incapacidade de entrar em contato com nós mesmos, com nossos verdadeiros sentimentos e desejos. A conseqüência paradoxal é que, em virtude da própria falta de autenticidade, o indivíduo muito orientado para os outros "torna-se um membro solitário na multidão, porque nunca consegue entrar verdadeiramente em contato nem com os outros nem consigo mesmo".

Do lado oposto, há quem afirme que a principal causa da solidão contemporânea não está na excessiva orientação para os outros, mas especialmente nos valores do individualismo e da auto-suficiência, também esses típicos da cultura moderna ocidental: a dependência, material ou psicológica, dos outros é considerada uma fraqueza, é olhada com piedade ou desprezo, enquanto o ser autônomo, o saber cuidar de si mesmo, o não precisar "apoiar-se" em ninguém é visto como um sinal de força e maturidade. Valores desse tipo — afirma-se — correm o risco de desnaturar o homem: fazem com que ele traia sua natureza social, ou levam-no a renunciar àquela dependência recíproca própria de sua espécie, orientam-no mais para a competição do que para a cooperação e o condenam à solidão.

No entanto, o contraste entre as duas últimas explicações da solidão contemporânea — por um lado, a excessiva orientação para os outros e, por outro, a excessiva autonomia e auto-suficiência — é, talvez, mais aparente que real. No mínimo, as duas explicações parecem conciliáveis quando se reflete sobre o fato de que a particular orientação "para os outros", da qual se fala, é uma orientação errada, porque não autêntica, voltada exclusivamente para a fachada, para a imagem que se quer apresentar ao mundo: não há real dependência recíproca, mas respeito às avaliações esperadas dos outros. Pode acontecer praticamente a mesma coisa no caso dos valores do individualismo e da auto-suficiência, se reduzidos à preocupação de *não mostrar* que se precisa dos outros. Então, é também possível imaginar um individualista "orientado para o exterior", isto é, preocupado em mostrar a própria independência justamente para receber a aprovação do outro. O resultado paradoxal é o de um individualismo *conformista*: uma multidão solitária de pessoas "auto-suficientes" e competitivas que se observam e se avaliam de longe, imitam-se reciprocamente, e nessa triste homologação sem contatos verdadeiros encontram a única forma possível de partilha. A tudo isso se pode acrescentar, quiçá, uma conseqüência do atual progresso tecnológico que, graças a instrumentos como a televisão, o computador e a internet, reduziu nossa necessidade imediata dos outros, particularmente da interação "face a face".

Também o sociólogo Zygmunt Bauman vê um perigo no individualismo e, particularmente, no liberalismo contemporâneo, que fez coincidir o aumento da liberdade individual com o da impotência coletiva. O liberalismo contemporâneo foi empobrecido, reduzido a um simples credo, na falta de alternativas para o atual sistema político, econômico e social. Qualquer tentativa de autolimitação da liberdade é vista "como o primeiro passo que conduz diretamente ao *gulag*, como se a única escolha possível fosse aquela entre a ditadura do mercado e a ditadura do governo sobre as necessidades". A política está em crise, não existem mais pontes entre vida pública e vida privada, não se encontra (porque não se procura) um modo para "traduzir as preocupações privadas em questões públicas", e vice-versa. Falta um espaço (como a antiga ágora dos gregos) onde a liberdade e as exigências individuais possam tornar-se procura e esforço coletivo. Naturalmente, a sociabilidade ainda existe, mas é caótica e efêmera:

A ocasião para liberar a sociabilidade é fornecida, talvez, por ondas de compaixão e caridade; ou, então, por objetivos de agressividade desmedida contra um inimigo público há pouco descoberto... outras vezes, ainda, por um evento ao qual muitíssimas pessoas reagem intensa e imediatamente, sincronizando a própria alegria, como no caso da vitória do Nazionale nos mundiais de futebol, ou a própria dor, como no caso da morte trágica da princesa Diana. O mal de todas estas ocasiões é que terminam rapidamente: uma vez retomados os nossos afazeres cotidianos, tudo volta a funcionar como antes, como se nada houvesse acontecido. E, quando a chama da fraternidade se apaga, quem vivia na solidão se encontra de novo sozinho...

As pessoas abandonadas aos seus sofrimentos solitários e à profunda sensação de instabilidade e incerteza que acompanha o isolamento

não encontram a coragem de ousar, nem o tempo para imaginar modos alternativos de viverem juntas; estão sobrecarregadas de compromissos que não podem partilhar, para pensar (e muito menos para dedicar as próprias energias) naquelas obrigações que somente podem ser desempenhadas em comum.

Uma outra característica da sociedade contemporânea, ligada às anteriores, é a que Salvatore Veca chama "contração do futuro". A contração do futuro nasce da incerteza dos nossos tempos, da instabilidade das novas economias baseadas na imprevisibilidade dos mercados financeiros, da impossibilidade de planejar o futuro, de ter um horizonte sobre o qual se possa projetar o presente. Enquanto a geração do pós-guerra tinha futuro porque estava empenhada no projeto de sair da catástrofe, e a da década de 1960, porque tinha expectativas de crescimento e novas oportunidades criadas pelo *boom* econômico, a geração atual sofre uma contração do futuro sobre o presente, e isto coloca em crise sua identidade. A perda de identidade criou, por sua vez, um sentimento de solidão:

A identidade é dada, na verdade, a longo prazo [...], pela estabilidade das expectativas que tenho sobre o fato de reconhecer-me, de certa maneira, com outros. Se esta estabilidade se contrai, se diminui

> o tamanho do futuro sobre o qual eu, de alguma forma, projeto a mim mesmo com os outros, [...] muda o modo de definir nossos interesses, nossas necessidades, nossas esperanças, nossas capacidades de nos orientarmos no mundo com os outros [...] isto está curiosamente ligado à produção de solidão. [...] Quando temos muito futuro pela frente, dispondo deste recurso, partilhamos com outros e nos reconhecemos. Quando pergunto "Quem sou eu?", posso responder "eu sou um daqueles que com os outros procura construir uma sociedade melhor". [...] Quando esta espécie de rodovia do futuro se torna um atalho interrompido [...] as possibilidades de conexão com outros se restringem, por sua vez, e cada um fica mais sozinho [...]: não uso mais o termo "nós", não sei mais que "nós" usar [...].

Provavelmente, não tenha sido por acaso que a psicologia começou a se interessar pela solidão somente nos últimos trinta anos, justamente quando a exigência de enfrentar e explorar o problema tornou-se mais aguda. Porém, o desinteresse havido nas décadas anteriores depende, também, de outros fatores. No entanto, a complexidade e subjetividade da experiência da solidão tornavam-na irredutível a experimentos de laboratório e, de alguma forma, a métodos de pesquisa rigorosos. Isto favoreceu uma atitude de renúncia nos psicólogos, muito preocupados, na época, em dar dignidade científica à própria disciplina, uniformizando os próprios métodos com os das ciências exatas. Mas nisso a solidão estava em boa companhia, porque a renúncia estendia-se a outros temas centrais da vida cotidiana, e igualmente complexos e polêmicos, como o amor, a amizade, as relações íntimas em geral.

Além disso, no caso da solidão, pesou um preconceito: a tácita convicção de que quem sofre de solidão é a pessoa concentrada demais em si mesma e nos próprios sofrimentos para perceber os outros; a pessoa que se acrisola na autocomiseração e não se esforça para tornar-se aceitável e agradável. Embora possa haver alguma coisa de verdadeiro nesse preconceito, sua generalização para qualquer forma e condição de solidão é, sem dúvida, injustificada e injusta. É particularmente injusta a atitude moralista que, na época, levava a redimensionar o problema e seu interesse: se quem se sente sozinho é *culpável* por sua solidão, se para não sofrer de solidão basta ser menos egocêntrico e mais disponível e atento para com os outros, não vale tanto a pena preocupar-se com isso. Hoje esse preconceito já não parece tão forte, nem mesmo tão difundido. Mas, há cinqüenta anos, os próprios psicólogos pareciam vítimas dele ou, de alguma forma, manifestavam certa resistência em se dedicar à solidão, com medo de serem julgados culpáveis, além de sofredores do mesmo problema.

Os primeiros psicólogos a mostrar interesse pela solidão foram, na década de 1950, os psicoterapeutas. Também isto não é um acaso, porque eles sempre estiveram mais dispostos (e autorizados) a se ocupar dos aspectos complexos, irracionais e patológicas dos fenômenos psicológicos, e menos vinculados a critérios rígidos de "cientificidade". No final da década de 1960 começaram as primeiras pesquisas empíricas destinadas a identificar a difusão da solidão em grandes faixas da população norte-americana, mas limitavam-se a perguntar à pessoa entrevistada se, dentro de um dado período de tempo, sentira-se "muito sozinha ou distante dos outros". Somente na década seguinte encontramos as primeiras tentativas de análise de formas qualitativamente diversas de solidão, como a solidão física e a psicológica. É a esta primeira distinção fundamental que dedicaremos o próximo capítulo.

CAPÍTULO II
ESTAR SÓ E SENTIR-SE SÓ

"Solidão" é uma palavra ambígua, um conceito muito amplo que abrange situações e estados de alma muito diversos. Há um sentimento de solidão que não tem nada a ver com a ausência física de pessoas ao nosso redor. Ou melhor, a presença dos outros pode tornar mais aguda a nossa solidão, se for uma presença "distante", sem contatos autênticos. "O deserto não é tão remoto no trópico austral, o deserto não mudou somente o ângulo", recitam alguns versos de T. S. Eliot, "O deserto está apertado no trem do metrô, [...] está no coração do teu irmão".

Existe, porém, um sentimento de solidão menos facilitado pela solidão física que, com seu silêncio, pela ausência de estímulos sociais, pode obrigar-nos a um contato desagradável com nós mesmos. Exatamente a isto parecem referir-se as palavras de um dos tantos jovens que partilham sua solidão na internet:

> Estou convencido de que a solidão causa tanto medo porque é justamente quando se está sozinho, numa casa escura, em silêncio... que os fantasmas, os obstáculos mais difíceis — porque são aqueles que derivam de si mesmos — saem da própria cabeça. Olhar-se no rosto com sinceridade é muito difícil. Todos nós gostaríamos de ser perfeitos e sem problemas, sobretudo gostaríamos de não ser causa dos nossos ais.

Existe uma solidão física que é exatamente o contrário do vazio, do medo ou da desolação típicos do sentimento de solidão. Dá-nos um exemplo disso este trecho tirado da redação de uma adolescente, que queria encontrar um outro nome, diferente de "solidão", com o qual pudesse chamar esse tipo de experiência:

> Seria preciso, realmente, encontrar um outro nome que falasse de quando você se deita no tapete de seu quarto com a cabeça perto da janela, de modo a ver somente céu, e pensa num monte de coisas, belas e feias também... e, no fim, você se percebe rindo como uma

idiota, e sabe que é quase feliz... Uma palavra para todas as vezes em que você se põe diante do espelho e é como se reconhecesse, a cada vez, uma pessoa com a qual você está bem... Um nome para o estar sozinha consigo mesma, sem medo de procurar... Mesmo quando você está fora, como numa varanda, e não tem nada para esquecer ou para recusar, mas sabe simplesmente flutuar sozinha no branco e no calor... Quando à noite você vai para a cama e adormece serena, deslizando suave no sono. Haverá um nome para isso?

A língua inglesa, neste caso, é menos restrita que a portuguesa, porque há pelo menos três palavras para distinguir entre as diversas "solidões". Há um termo, *aloneness*, que indica a condição de solidão física, isenta de conotações emotivas: é simplesmente o fato de estar sozinho, de não receber outros indivíduos dentro de um certo espaço e/ou de um certo tempo. Com *loneliness*, no entanto, expressa-se o sofrimento da solidão psicológica, seu sentido de vazio e de falta, que pode tanto estar ligada a *aloneness* como ser completamente independente dela. Há também a *solitude*, que costuma exprimir o sentido de plenitude e satisfação que caracteriza alguns momentos de solidão física.

Estar sozinho, portanto, e sentir-se sozinho não coincidem necessariamente, tanto porque podemos nos sentir sós, em companhia de alguém, como estar desacompanhados sem nos sentir sós. Mas, às vezes, a solidão física pode prenunciar o sentimento de solidão. Exploremos antes as duas vertentes opostas, em que a solidão física e a solidão psicológica não se encontram, para passar, depois, aos seus pontos de contato.

1. Sentir-se só, em companhia

O lugar-comum segundo o qual podemos sentir-nos sós no meio de uma multidão tem uma base de verdade indiscutível. É possível, de fato, sentir-nos um "Robinson Crusoé da alma", diria Arthur Machen, rodeados por um oceano de ausência psicológica, indisponibilidade e falta de partilha. Ou melhor — e aqui está, talvez, a verdade mais profunda do senso comum —, a ausência psicológica dos outros, quando *unida* à sua presença física, torna nosso sentimento de solidão mais profundo e desesperado. Pensamos no "peixe fora d'água" numa comitiva alegre e harmoniosa; na mulher diante do marido distante e taciturno; no adolescente que se sente um estranho na família. Nesses casos, é como estar sedento, ter diante de si uma fonte cristalina e não conseguir beber. Melhor o deserto que esta espécie de escárnio, de expectativa traída. Além disso, se nos sentimos sós, quando os outros, de fato, não existem, podemos ainda atribuir nosso sentimento de solidão à sua ausência física, e acreditar que, se estivessem presentes, nossa "sede" seria saciada. Mas se os outros estão aqui conosco e, apesar disso, nos sentimos sós, nossa solidão não tem apelação.

Sobre as nossas relações pessoais temos expectativas que são freqüentemente frustradas, e a frustração fere tanto mais quanto mais os relacionamentos são, ou deveriam ser, íntimos — como aqueles entre amigos, entre pais e filhos, entre marido e mulher. Continuamente lançamos mensagens que são ignoradas ou falseadas. Esperamos um conselho e encontramos uma censura. Procuramos conforto e achamos indiferença. Revelamos uma confidência esperando receber cumplicidade e partilha, e nos sentimos ridicularizados. Descobrimos, continuamente, que nossa imagem do outro, construída, em boa parte, sobre nossos desejos e expectativas acerca de como *deveria* ser, não combina com os fatos. E se não enviarmos mensagens e não fizermos exigências porque esperamos que o outro *espontaneamente* perceba as nossas exigências e corresponda a elas, a probabilidade de frustração cresce vertiginosamente.

Não estamos dizendo, porém, que a ausência psicológica seja, de alguma forma, atribuída a uma indisponibilidade ou incapacidade dos outros, ou somente dos outros. Como observa Gotesky:

> Nós experimentamos um sentimento de solidão particularmente doloroso que nasce do fato de nunca conseguirmos compartilhar nossos pensamentos, nossas verdades e necessidades com ninguém. Nunca conseguimos revelar nosso verdadeiro eu. Devemos sempre vestir a pesada e, no final, insuportável armadura do fingimento.

Nesses casos, podemos também procurar novos amigos e novos ambientes, peregrinar de uma festa a outra, de um círculo de amizades a outro, mas, infelizmente, conseguiremos apenas retardar o momento da terrível revelação, o fato de estarmos sempre emboscados em nossa armadura de fingimento, e, portanto, irremediavelmente sós.

O tema do fingimento, da máscara da não-autenticidade que nos sentimos obrigados a usar para nos tornarmos aceitáveis e agradáveis aos outros, está entre os mais comuns nos desabafos de quem sofre de solidão "em companhia". Particularmente, é muitas vezes denunciado entre os jovens, empenhados como são em construir para si uma identidade, entre as tantas possíveis sugeridas pelos modelos sociais, apresentando imagens diversas e contrastantes conforme os outros referenciais. A poesia de uma adolescente, intitulada conscientemente de "Palhaço", ilustra bem esse tipo de mal-estar, como também a sensação de vazio deixada pelo fingimento quando o "espetáculo" chega ao fim:

> Por que continuas
> se a cada minuto o pesadelo piora?
> Percebes a água ao pescoço
> enquanto a solidão inunda.
> Quantos olhos te observam,
> mas sabes que o espetáculo terminou.
> Os toldos do circo se fecham,
> estás na escuridão
> com as lágrimas que despem o disfarce.
> Vês somente uma imagem,
> vês somente um palhaço que não faz
> mais rir
> com o rosto na lama
> e uma ferida no peito...

O sofrimento do fingimento não depende apenas do desprazer de não conseguir revelar quem somos realmente. Junto a isso, pode existir também o medo, mais ou menos inconfesso, de fazer uma descoberta terrível se conseguíssemos nos libertar da máscara: não encontrar *ninguém* atrás dela (ou ninguém que valha a pena encontrar). Embora mais comum entre os adolescentes, esse medo é também muito difundido entre os adultos. Estes últimos estão, certamente, mais acostumados (e resignados) a entrar e sair das "partes" exigidas pelos diversos papéis que devem desempenhar, mas às vezes basta uma pausa, ou, ao contrário, uma passagem muito brusca entre um papel e outro, para se perguntar: quem sou eu além daquele que demonstro ser? Sou somente a sombra dos meus fingimentos? Um famoso romance de Pirandello, *Uno, nessuno e centomila [Um, ninguém e cem mil]*, trata exatamente disso. Exprime a solidão de quem, por um lado, nunca mostra seu rosto verdadeiro, sempre escondido atrás da máscara, ou melhor, das cem mil máscaras que usa, tantas são as pessoas com as quais entra em contato, as circunstâncias nas quais se encontra, as impressões e os julgamentos que desperta; por outro lado, é o romance da solidão de quem não sabe qual é seu verdadeiro rosto, ou melhor, teme que ele não exista, porque não encontra ninguém além daquilo que ele é *para* os outros.

2. Estar só, sem sentir-se só

As ocasiões de solidão física e o modo pelo qual reagimos a elas são grandemente condicionados pelo contexto social e cultural em que nos encontramos. Em algumas sociedades letradas, o isolamento, especialmente se prolongado, é considerado uma condenação para si e uma ameaça para os outros. O medo de caírem vítimas de malefícios e complôs, ou, vice-versa, de serem considerados os artífices deles, faz com que se procure constantemente o contato com os outros. Os dobu, por exemplo, uma população papua do Pacífico Ocidental (Nova Guiné), acreditam que a única boa razão para estar só seja a de tramar contra o bem-estar dos outros. Diversamente, em outras sociedades — por exemplo, os indianos winnebago — o isolamento é considerado uma condição necessária para o desenvolvimento de qualidades como a coragem e a formação da identidade adulta. Na sociedade ocidental moderna, embora com muitas distinções e contradições, a tendência mais marcante é a de ver o isolamento como uma pausa (forçada ou não) entre uma atividade social e outra, e de associá-lo fortemente ao risco de solidão psicológica.

Todavia, no tempo que passamos sozinhos nem sempre percebemos o fantasma da solidão; antes, como demonstram algumas pesquisas realizadas já na década de 1970 com grandes amostras de população, a solidão física pode trazer consideráveis benefícios de diversas naturezas.

2.1. Fortalecimento das faculdades cognitivas

A atenção, a concentração e a capacidade de solução de problemas são, em geral, fortalecidas pelo isolamento. Quando temos de nos concentrar em algum trabalho, qualquer estímulo externo pode distrair-nos, e os estímulos sociais constituem boa parte do barulho que dificulta nossa concentração. Deve-se notar que os outros nos distraem não somente com suas atividades, comunicações ou solicitações. Até uma presença silenciosa pode ser um elemento de perturbação porque, de alguma forma, nos induz a tomarmos consciência da existência de olhos que nos observam e de mentes que nos podem avaliar.

O isolamento físico permite libertar nossa atenção de um "dever" colateral que executamos, muitas vezes, de modo semiconsciente e automático, mas que exige um esforço não indiferente: o dever de apresentar uma imagem socialmente adequada. Na ausência dos outros, reduz-se nossa atenção sobre como aparecemos, o contínuo automonitoramento de nossos gestos, de nosso rosto, da impressão que poderíamos causar. Uma vez aliviados deste peso, é mais fácil concentrar totalmente a atenção sobre o trabalho que devemos executar; sentimo-nos até mais livres para agir por tentativa e erro, sem a preocupação de precisar submeter a tentativa, freqüentemente ainda imperfeita, aos olhares dos outros. Com freqüência nos acontece dizer, ou querer dizer: "Quando você me olha, não consigo escrever (ou cozinhar, pintar, e assim por diante)".

O isolamento físico parece favorecer o pensamento criativo. Nas biografias dos filósofos, cientistas e artistas, descobrimos freqüentemente que as novas idéias ou descobertas nascem em momentos ou períodos de isolamento. É interessante observar que o isolamento é particularmente fecundo sobretudo quando não é visto como restritivo de quem se impõe a segregação porque deve fazê-la produzir frutos, em uma concentração "nervosa", tensa para gerar um resultado. É justamente quando nos despreocupamos e percebemos o vazio entre um pensamento e outro que alguma coisa preciosa ou interessante brota quase por si só, livre dos controles e das censuras de uma racionalidade muito vigilante e crítica.

À parte o desenvolvimento de trabalhos específicos ou a expressão do pensamento criativo, o isolamento favorece também a reflexão sobre si mesmo. Uma menina de treze anos conta:

> Neste verão passei o tempo em solidão, refletindo. O assunto era minha família, isto é, o nascimento de meu irmão, André... Eu era a menor e a mais paparicada por todos os meus familiares; esta é uma situação que acontece freqüentemente em todas as famílias... Agora, tudo está mudado. Não sou mais a caçula de casa... à noite, terminados os deveres, brinco com ele, e mesmo que em determinados momentos tenha sentido um pouco de ciúme, já não poderia mais ficar sem ele. Essa experiência me fez crescer, fez-me tomar consciência de que não existe somente eu com minhas exigências... Esse momento de solidão, em que refleti sobre esse assunto tão delicado, foi importante para mim.

O isolamento ajuda a "pensar seriamente" sobre si mesmo, representa "um momento no qual você pode parar" — como diz uma outra menina em uma redação — "para tomar fôlego, refletir... sobre si mesmo, sobre os outros, sobre qualquer coisa que você queira". E, continua, "[este é] um espaço nosso que não precisa ser perdido... é como quando você caminha e está cansado, e então decide parar a fim de... refrescar-se, renovar-se e refletir sobre o resto do caminho que ainda o espera".

2.2. Estados de alma positivos

Entre os "solitários" encontramos exploradores, navegadores, eremitas, a muitos dos quais o isolamento concedeu formas diversas de bem-estar e satisfação. Satisfaz-se à necessidade de pôr-se à prova, de "fazer" sozinho, de demonstrar, a si mesmo mais que aos outros, a própria coragem, a própria resistência e a própria autonomia. Além disso, há um fortalecimento efetivo dessas qualidades, que podem desenvolver-se e aperfeiçoar-se justamente na ausência de outras pessoas, nas quais poderiam se apoiar. Muitas culturas tribais prevêem, como parte dos ritos de iniciação que marcam a puberdade e a conseqüente passagem para a idade adulta, um período no qual o jovem deixa a comunidade para estar sozinho no deserto, na floresta ou nas montanhas, e voltar adulto, para todos os efeitos.

Além de tudo isso, o isolamento oferece a satisfação intrínseca do "encontrar-se", do contato íntimo consigo mesmo e com a natureza, e é ajudado pelo silêncio e introspecção. A solidão das alturas, por exemplo, dá a vários alpinistas muito mais do que a satisfação de bater um recorde esportivo ou, ainda, de conquistar uma dimensão humana feita de aventura, risco e desafio. A comunhão com a natureza, o sentido de liberdade e de plenitude oferecem uma sensibilidade nova. Fazem experimentar novos estados de consciência, intuições mais profundas sobre nós mesmos.

Encontrar acesso a nós mesmos não é coisa fácil, habituados como estamos a estar "fora" de nós, isto é, como dizíamos, a estar para os outros como eles nos querem ou como queremos aparecer a eles. Há uma canção de Giorgio Gaber, intitulada *La solitudine*, que relaciona exatamente a necessidade de conquistar os outros com a dificuldade de "se encontrar".

> Alguém faz o que pode para conquistar os outros
> castrando-se um pouco;
> Há quem ame ou faça alarde de bondade, mas não é ele,
> é seu modo de fazer aceitar-se mais,
> mesmo à custa de esquecer-se de si,
> mas não é suficiente, nunca...
> Um pouco de boa vontade e consigo também me fazer amar,
> mas perco muitos pedaços e depois...
> não me encontro mais.

O isolamento ajuda a nos tornarmos nós mesmos. Uma moça de dezessete anos fala disso em uma poesia:

> Fora de todos, estou só.
> Aqui não valem desculpas, aparências, defesas, ofensas... só eu!
> Flutuar dentro de mim, leve.
> Fecho os olhos, silêncio fora.
> O sangue corre, eu respiro... existo.
> Sinto a plenitude de mim mesma.
> Todo o corpo está vivo,
> a mente governa as suas funções.
> Estou distante, mas imersa num mundo.
> Fora, mentem; dentro, é confortante ser eu mesma.

Voltar-se para si mesmo é também condição para a experiência mística. De fato, conforme qualquer tradição ascética, tanto ocidental como oriental, o "Reino de Deus" é procurado dentro de nós. Trata-se de um percurso que exige muito esforço e determinação, e algumas etapas necessárias. Antes de tudo, é preciso "fechar a porta", isolar-se dos estímulos externos. O Evangelho diz: "Entre no seu quarto, feche a porta e reze ao seu Pai em segredo". A primeira condição é justamente esta: separar-se fisicamente dos outros. Pode-se ir para o deserto, como os monges eremitas do oriente cristão, ou para o Himalaia, como os *sannyasi* hindus, ou pode-se simplesmente fechar a porta da cela, como os monges de clausura ocidentais que, mesmo vivendo em comunidade, passam por períodos de isolamento.

A solidão exterior, porém, talvez seja insuficiente e faça-se acompanhar de muita inquietude e agitação interna. "O pensamento é indócil", adverte Gregório, o sinaíta; "a negligência dotou-o radicalmente de uma disposição para a vagabundagem". É preciso *deixar fora* de si as imagens e os pensamentos do mundo, que uma porta material não está em condições de excluir. São Basílio, eremita do século IV d.C., escreve: "Quando a mente não está mais dispersa nas coisas externas, nem perdida no mundo por causa dos sentidos, então ela retorna em si; e, por meio de si mesma, sobe ao pensamento de Deus". Do mesmo modo, Paramahansa Yogananda, um iogue indiano dos nossos dias, convida a "fechar a porta interior" das sensações e dos pensamentos irrequietos: "Entra no Eu, fechando a porta dos sentidos e do seu envolvimento com o mundo irrequieto, e Deus te revelará todas as suas maravilhas". Somente mandando calar esses elementos de perturbação pode-se conseguir a calma, e ter a mente límpida e concentrada. De fato, acrescenta Yogananda:

> Não conheceis o poder de uma mente concentrada. Se deixardes a água suja imóvel por muito tempo, a lama se depositará no fundo e a água tornar-se-á transparente. Na meditação, quando a lama dos pensamentos irrequietos começa a se depositar, o poder de Deus começa a refletir-se nas águas claras da vossa consciência.

Esta, naturalmente, não é ainda a união mística, mas somente a estrada para chegar até ela. Uma vez fechadas as duas "portas", a material e a das sensações e dos pensamentos, resta uma outra etapa a ser cumprida: entrar, finalmente, em nós mesmos e, portanto, unir-nos a Deus. Como afirma santo Isaac da Síria: "Entrai prontamente no tesouro que está dentro de vós, e assim vereis as coisas que estão no céu; porque uma só é a entrada que conduz a ambos. A escada que leva ao Reino está escondida na vossa alma". No final, quando se atinge a união, o isolamento físico e sensorial, que foi o instrumento usado para consegui-la, já não é tão necessário. Nas palavras de são João Clímaco, "o amante do silêncio, saindo da cela com o corpo, não sai do seu silêncio interior".

A união mística é, na verdade, uma *re*-união, um juntar de novo a alma com o Espírito do qual provém. Recordando o que dizia Hillman sobre a solidão "arquetípica", agora podemos compreender melhor seu significado. A solidão existencial, de fato, pode ser interpretada como uma forma de saudade da união perdida pela alma que deveria voltar "para casa", isto é, reunir-se ao Espírito. O mesmo Hillman observa:

> A solidão apresenta as emoções do exílio; a alma não conseguiu [...] descer totalmente na vida e gostaria de voltar para casa. Aonde? Não sabemos, porque o lugar do qual falam os mitos e as cosmogonias

desapareceu da memória. Mas os desejos da imaginação e a tristeza testemunham um exílio de alguma coisa, que a alma não sabe como expressar de outro modo a não ser como sentimento de solidão. O único traço que lhe restou é aquela saudade do sentimento e aquela dissipação da imaginação. É um estado de necessidade que ultrapassa as necessidades pessoais.

O lugar "perdido na memória" é, na tradição ascética, Deus mesmo. Portanto, a união mística, conquistada pelo isolamento, é também um modo de vencer o sentimento de solidão existencial. Guilherme de Saint-Thierry, escrevendo aos frades cartuxos de Mont-Dieu, afirma: "Aquele com quem Deus está, de fato, nunca está menos só do que quando está só. Ele goza, então, livremente da própria alegria; então ele mesmo é seu para gozar de si e de si em Deus".

2.3. Efeitos terapêuticos

O isolamento, o silêncio, a imobilidade e a redução dos estímulos sensoriais são considerados, desde tempos imemoriais, remédios terapêuticos contra uma variedade de males. É interessante notar que, em muitos casos, não é tão fácil traçar a linha-limite entre o objetivo místico e o terapêutico. De resto, o "repouso contemplativo", o *hesychia* dos gregos e a *quies* dos latinos, além de condição para a ascese, é um instrumento para a tranqüilidade interior, a paz do coração e da mente. E essa tranqüilidade é revitalizante, regenera tanto a mente quanto o corpo, permitindo retornar ao mundo com nova serenidade, lucidez e motivação.

Na Grécia antiga, no oráculo de Trofônio, o isolamento e a redução dos estímulos sensoriais eram usados para curar os distúrbios mentais. Depois de um ritual complexo, o suplicante descia até uma cavidade subterrânea e ali ficava por muito tempo, imóvel e na escuridão. Quando saía de lá, depois de um período de atordoamento que se dissipava aos poucos, sentia-se transformado e "renascido". O poder terapêutico da escuridão, do silêncio e da imobilidade era conhecido também em algumas tribos saarianas, entre os esquimós e entre os índios da América. Num tratado escrito por Celso, um famoso médico romano que viveu entre os séculos I a.C. e I d.C., recomenda-se o uso da escuridão, que "acalma o espírito". Na Idade Média, no Renascimento, na era iluminista, encontramos recomendações análogas sobre o valor terapêutico do isolamento e da redução dos estímulos sensoriais. Também a psiquiatria do século XIX, a partir de Rush, Mitchell e Janet, adota esses métodos, embora às vezes de modo excessivo e errado, porque obrigatório e violento, mais orientado para a contenção do paciente do que para a sua cura.

Nos últimos cinqüenta anos, junto com uma visão negativa do isolamento, recebido com suspeita por muitos psicólogos e psiquiatras que exaltaram seus riscos de alienação e perda de contato com a realidade, foi-se afirmando também uma perspectiva positiva. Afinal, redescobriu-se o valor terapêutico do isolamento e ele passou a ser usado com sucesso como antídoto contra uma variedade de distúrbios, causados, em primeiro lugar, pela excessiva estimulação à qual estamos submetidos, e pela conseqüente falta de silêncio, calma e privacidade. É o caso da terapia Rest (Restricted Environmental Stimulation Therapy) [Terapia da Redução dos Estímulos Ambientais] desenvolvida na década de 1960 nos Estados Unidos e no Canadá, e agora reconhecida oficialmente pela Associação Americana de Psicologia. A terapia é de uma simplicidade desarmante: consiste em fazer com que o paciente passe um período de tempo (em geral 24 horas) numa sala escura e silenciosa, provida de cama, alimento líquido e água; o paciente deve ficar, preferivelmente, deitado na cama e, de alguma forma, evitar qualquer atividade que não seja estritamente necessária (não deve, por exemplo, andar pela sala, falar sozinho, cantar e assim por diante); por meio de um interfone pode comunicar-se com o exterior no caso de alguma necessidade, inclusive para pedir a interrupção do tratamento (pedido que é atendido imediatamente).

A terapia Rest foi usada em muitas formas de dependência (fumo, álcool, drogas, jogos de azar) e problemas de alimentação (obesidade, bulimia, anorexia), com resultados muito positivos: pelo menos 25% dos pacientes foram curados dos vários problemas de que sofriam e não tiveram recaídas nos cinco anos seguintes. Há uma forma particular de dependência que é curada pela Rest, a assim chamada "dependência do campo": consiste na incapacidade de entender a si mesmo, de perceber as próprias emoções e os próprios estados de alma, e na necessidade de se confiar aos sinais externos para descobrir "como se está ". Em suma, a pessoa "dependente do campo" não tem condição de dizer o que está acontecendo dentro de si; procura deduzir da situação na qual se encontra e do comportamento dos outros, e uniformiza a própria reação àquilo que supõe apropriado para o contexto. É interessante observar que um período de isolamento e de redução dos estímulos sensoriais ajuda essas pessoas a retomarem contato consigo mesmas e a depender menos dos sinais e dos condicionamentos externos.

A Rest foi aplicada com sucesso no tratamento de uma variedade de distúrbios psiquiátricos e psicológicos: fobias, neurose obsessiva, ansiedade, depressão, autismo e esquizofrenia. Além dos problemas específicos de comportamento que os levaram a recorrer à terapia, os pacientes declaram que obtiveram benefícios da maior importância. Particularmente, encontraram menor dificuldade nos relacionamentos sociais, tanto familiares quanto profissionais, e descobriram que tinham uma visão da vida mais construtiva e serena. Um outro aspecto que deve ser observado é a mudança de atitude diante da solidão física. De fato, muitos pacientes afirmam que, antes de entrar na sala Rest, sentiam desconforto ou desconfiança; temiam estar numa "armadilha", ficar tristes ou deprimidos. Pelo contrário, exceto algum ataque ocasional de enfado, a experiência da Rest caracteriza-se, para a maioria, por um sentido de paz e de segurança: o mundo exterior, com suas preocupações e estimulações, é temporariamente excluído (não é ele que nos exclui, somos nós que o conservamos fora), e o paciente sente-se seguro e disponível para "escutar" a si mesmo. Concluindo com as palavras de Suedfeld, um dos idealizadores da Rest:

Nesse contexto, a solidão física satisfaz a uma necessidade, elimina uma carência, convida a um crescimento. Não parece haver qualquer sentimento de solidão; pelo contrário, o indivíduo sente-se livre das distrações e das limitações comuns impostas pelas normas sociais e pela necessidade de apresentar uma imagem, e percebe os benefícios trazidos pela redução dos estímulos externos, até conseguir ouvir as pequenas e silenciosas vozes interiores.

3. Estar só e sentir-se só: quando e por quê?

Vamos, agora, aos pontos de contato entre a solidão física e a solidão psicológica. Embora não exista uma relação *necessária* entre isolamento e sentimento de solidão, essa relação é, de alguma forma, possível. Em várias condições de isolamento, acontece, efetivamente, perceber-se uma piora do humor, um estado depressivo e, também, um sentimento de solidão.

Esse sentimento de solidão pode assemelhar-se muito ao que se experimenta em companhia de alguém, sobretudo quando a condição de isolamento é interpretada pela pessoa como um *sinal* ou uma confirmação da pouca satisfação que tira dos próprios relacionamentos sociais, da falta de partilha, apoio, intimidade e compreensão: "Encontro-me só *porque* ninguém me procura (ama, compreende etc.); ou, então, "acho-me só *porque* não sou capaz de estar com os outros (comunicar-me, ajudar, ouvir etc.)".

Junto a essas formas do sentimento de solidão podem existir outras que parecem mais específicas da condição de isolamento físico. Uma delas está em íntima relação com uma espécie de *medo da autonomia*. De fato, quem se acha só, especialmente se não tem ainda um dever preciso para executar e a solidão se prolonga por várias horas, pode ser assaltado pelo temor de não saber o que fazer com seu tempo e sua liberdade. De repente, é surpreendido por uma forma estranha de desinteresse e falta de objetivos: toda atividade lhe parece semelhante a qualquer outra, e, portanto, mostra-se indiferente; continua a se perguntar o que tem, realmente, de fazer e não sente nenhum estímulo ou desejo particular. O tempo à sua disposição, mais que proporcionar-lhe uma sensação de liberdade e autocontrole, parece-lhe um recipiente vazio. Precipita-se, então, no enfado e na alienação, na tentativa de encher o recipiente a qualquer custo, sem vontade e desordenadamente, com atividades de "baixo nível", como comer, dormir ou assistir à televisão.

Alguns, quando prevêem um período de isolamento, recorrem à "agendinha", isto é, preparam um programa de atividades a serem executadas. Não haveria nada de mal nisso, não fosse o fato de que freqüentemente a agendinha torna-se uma tabela de procedimentos obrigatórios e obsessivos. Todo prazer, assim, desaparece no tempo transcorrido, só se desenvolvendo as atividades programadas, e fica somente o dever de marcar a lista. Se, depois, nasce a desconfiança de que a agendinha "tirana" serve apenas para evitar a descoberta de que se está desmotivado, carente de objetivos, incapaz de gozar da própria liberdade e de estar bem, sozinho, é fácil que o programa seja abandonado, dando lugar, também aqui, ao enfado e à alienação. Um jovem de 25 anos, referindo-se justamente à necessidade de programar o tempo que se passa sozinho, à falência do programa e ao estado de alma conseqüente, faz a seguinte descrição:

> Programo meu dia de maneira rígida quando sei que vou estar sozinho. Talvez seja um dique contra a ansiedade... Mas, geralmente, o programa falha, porque me sinto obrigado, por exemplo, a ler... A falha está exatamente no programa: não há possibilidade de libertação quando você se impõe regras, obrigações. Se as regras me são impostas por outro, não; senão, sinto raiva... O programa falha porque você perde o interesse por aquilo que projetou fazer. Perco o interesse por qualquer coisa, exceto o afastamento total... Alieno-me, canso-me, vou dormir, ou, então, atiro-me num cinema para ver idiotices loucas... O tempo é uma enormidade, uma espécie de chumbo, muito pesado... tudo é aborrecido... o asfalto, o breu, tudo o que é duro e escuro torna-se presente, adquire consistência. Você tem a impressão de cair aos pedaços, não se sente mais homem, sente-se um mecanismo... você se sente cansado, sujo, míope... Parece que nos julgamos inferiores, mas nos julgamos superiores. Você se diz: "Veja que frouxo, poderia fazer tantas outras coisas, e, no entanto, perco tempo". No começo você expressa

juízo, depois se perde, e depois se envergonha... quando me sinto um mecanismo, sujo etc., receber um telefonema me dá medo: sinto-me um animal amedrontado, procuro organizar uma figura aceitável, mas é tão estereotipada que o outro, se não for um cretino, se apercebe disso.

Esse medo de não ter objetivos verdadeiramente nossos, isto é, desejos e interesses independentes de regras externas, exigências de outros ou papéis socialmente reconhecidos, está, por sua vez, relacionado com outro medo que mencionamos anteriormente: o de não ter uma identidade verdadeira. Se, na falta dos outros, não sei o que fazer do meu tempo, vejo-me sem objetivos e tudo me é indiferente; então, começo a temer ter somente uma identidade social, isto é, aquela que "visto" diante dos outros, que vejo refletida em seus olhos e julgamentos, e que inevitavelmente perco quando me falta este "espelho". O isolamento, nesses casos, não pode senão provocar angústia e sensação de irrealidade.

Para compreender melhor as reações negativas à solidão física e procurar curar ou atenuar o contraste com todas as reações positivas descritas anteriormente, são necessárias algumas definições importantes. Primeiro, é preciso observar que parte do mal-estar pode depender do pouco *hábito* de isolamento. Geralmente o tempo que passamos sozinhos é limitado e empregado em atividades vistas como pausas de *preparação* de outras atividades que devem ser desenvolvidas *para* os outros ou *com* os outros. Portanto, é compreensível que um isolamento prolongado e cujo fim está em si mesmo possa pegar-nos de surpresa, fazer com que nos sintamos desorientados e sem objetivos, e dar-nos uma desconcertante sensação de vazio. Mesmo quando fazemos uma programação, não conseguimos tirar dela a sensação de que é fictícia, que desempenha somente um papel de enchimento e de antídoto contra o vazio.

Mas, sobretudo, o que incide sobre a qualidade, positiva ou negativa, da solidão física é o *significado* que atribuímos a ela. Por "significado" do isolamento entendemos, em primeiro lugar, o modo como geralmente o *categorizamos*, isto é, como o referimos, mais ou menos conscientemente, a uma classe de eventos positivos, negativos ou neutros. Nessa categorização geral têm papel importante os preconceitos, as atitudes e as normas da cultura à qual pertencemos. Se, *a priori*, encaramos a solidão física como uma condição negativa, por exemplo, como um sinal indireto do fato de que a pessoa possui traços socialmente indesejáveis, a conseqüência é óbvia: seremos levados a considerar também a nossa solidão física com desconfiança e temor, e procuraremos evitá-la para fugir do preconceito negativo ao qual a associamos. Uma moça, falando de seus momentos *felizes* de isolamento, expressa o desconforto que, de alguma forma, percebe nessas circunstâncias:

> Não sei por que, mas não consigo desfrutar profundamente nem desses momentos positivos de solidão, talvez porque considere negativo, não-construtivo e desinteressante pensar somente em mim mesma sem interagir com outra pessoa. Racionalmente, claro, sei que não é assim.

Com efeito, ainda existe em nossa cultura um preconceito negativo generalizado sobre o isolamento, que oscila entre a atribuição de traços anti-sociais (egoísmo, misantropia, disposição hostil ou competitiva) e a de falta de poder e habilidades sociais (timidez, pouca atração, passividade, frieza e dificuldade de comunicação). Além disso, quando o fato de estar só é interpretado como um sinal de poder negativo ou falta de poder, é fácil afirmar uma espécie de norma implícita que impõe evitar o isolamento: como diz uma velha cantiga de roda das crianças: "a solidão deve ser afugentada". Então, quem se encontra só, além de temer as avaliações e autoavaliações negativas das quais falamos, pode também sentir desconforto ou até sentimento de culpa por estar "violando" esse mandamento tácito.

O *significado* que damos à solidão física não é herdado somente de sua categoria de referência, isto é, do fato de pertencer a uma classe de eventos genericamente positivos ou negativos. Há um sentido mais específico, ligado à *causa* particular à qual o isolamento é atribuído. Aqui, tem papel crucial não tanto o simples fato de se encontrar sozinho, mas o específico porquê *desta* situação de isolamento. Se a causa de uma solidão física está na opção da pessoa, no ato voluntário de estar só, seu significado é, com certeza, positivo. Diversamente, a pessoa sente-se autorizada a excluir todas as explicações que apelariam para uma rejeição por parte dos outros. Se, ao contrário, o isolamento não é uma opção, tinge-se muito mais facilmente de conotações negativas: é uma segregação forçada, imposta por circunstâncias externas adversas, pela malevolência ou pelo desinteresse dos outros; ou, ainda, pela própria incapacidade de tomar iniciativas socialmente aprovadas ou estabelecer relacionamentos significativos e duradouros. No fundo, a diferença abissal que existe entre a solidão de um confinado ou de um prisioneiro e a de um explorador ou de um eremita (sem falar da possibilidade de voltar ao mundo quando quiserem) está justamente nisto: os primeiros não escolheram seu isolamento.

Voltando à terapia Rest, para que seja eficaz é fundamental que os participantes se submetam a ela com a atitude "certa", isto é, estejam preparados para o que os espera e a tenham escolhido livremente. Se o silêncio e o isolamento forem vistos como uma imposição punitiva, mais que como remédios terapêuticos, o tratamento terá poucas possibilidades de sucesso.

A distinção entre a solidão escolhida e a imposta, porém, pode levar a generalizações simplistas. Em primeiro lugar, é preciso observar que não é estritamente necessário ter optado por uma condição de solidão física para vivê-la positivamente: pode ser suficiente *aceitá-la*. Mesmo quando meu isolamento é imposto por fatores externos e contrários à minha vontade, se nesta condição consigo encontrar motivos, ocasiões, acenos para satisfazer minhas necessidades, o isolamento pode tornar-se agradável. A aceitação do isolamento implica uma *reorientação* de meus objetivos; é como se idealmente eu voltasse a considerar a situação imposta e optasse por ela *post hoc*, pelo menos em parte. Como mostram diversas pesquisas de psicologia social, não são poucos os encarcerados ou confinados que conseguem tirar proveito do próprio isolamento forçado (supondo que as condições de reclusão não sejam desumanas), descobrindo interesses novos e dedicando-se a atividades construtivas (estudo, trabalho), e, até, à reflexão sobre si mesmos.

Por outro lado, muitas opções de isolamento são tais até certo ponto. Existem as opções *forçadas*, impostas por circunstâncias que, embora não sejam obrigatórias em sentido absoluto, apresentam um balanço muito desfavorável por causa da busca de contatos sociais. Por exemplo, quem tem dois empregados, ou mora fora da cidade, ou está apertado por causa de prazos improrrogáveis, pode sentir-se obrigado a escolher o isolamento mesmo em ocasiões nas quais preferiria passar algum tempo em companhia de alguém, mas planejar e realizar o encontro exige um esforço muito cansativo. Não somente as condições externas, mas também as internas (medo, timidez, ressentimento) podem levar a uma opção de isolamento que é vivida como forçada. Por exemplo, mesmo falando em "decisões" e "preferências", não parece certamente uma forma de livre escolha a descrita por esta adolescente:

> Em certos casos, é tudo aquilo que o rodeia que o faz tomar a decisão de se isolar das pessoas: você se sente desadaptado a todas as situações, tem medo de "ter atitudes" incorretas, de falar de modo impróprio ou de se vestir de modo inadequado e, em vez de vencer esses temores, prefere não se relacionar com as outras pessoas. Talvez exista justamente o pavor do confronto e do julgamento delas, porque em qualquer lugar aonde você vá estará sempre submetido a uma "sentença" que "marcará" sua vida, que o levará ao isolamento.

Sempre que pensamos *não poder agir de outro modo*, não percebemos nossa escolha como uma verdadeira opção. Mesmo quando nosso isolamento não tem nada a ver com constrangimento, interno ou externo, essa opção pode, de repente, perder suas conotações logo que nos venha o pensamento de que, *se quiséssemos, não poderíamos* evitar estar sozinhos. De fato, há quem, embora parta da intenção de estar na "santa paz" por motivos próprios e mesmo prevendo tirar prazer disso, mude repentinamente seu estado de alma ao perceber que sua solidão voluntária não é perturbada por ninguém: há horas o telefone não toca, ninguém o procura... eis que, não tendo de defender sua amada solidão dos assaltos do mundo exterior, começa a se perguntar sobre a autenticidade de sua opção ("Desejo realmente estar só? E, se eu quisesse, poderia estar em companhia de alguém?"). Então, a dúvida em relação à opção forçada faz evaporar boa parte do prazer da solidão.

4. Os sintomas do sentimento de solidão

Até agora, falando do sofrimento do sentimento de solidão, mencionamos aqui e ali sensações e emoções negativas (ansiedade, desconforto, sensação de vazio, tristeza), sem, porém, dar um quadro completo. Tentemos, agora, descrever mais cuidadosamente os sintomas do sentimento de solidão.

Não se trata de uma tarefa fácil, por diversos motivos. Em primeiro lugar, muitos tendem a esquecer os estados de alma, as inclinações, os pensamentos que tiveram nos momentos de solidão, ou, pelo menos, a redimensionar muito sua importância. Robert Weiss, um dos primeiros psicólogos a tentar, na década de 1970, uma análise sistemática do sentimento de solidão, conta que muitos de seus entrevistados, embora admitissem ter sofrido de solidão, não conseguiam mais se lembrar nem descrever as próprias sensações, depois de passado o momento. Um dos motivos que aduziam mais freqüentemente era: "naquelas horas, não era eu mesmo". Em outras palavras, não estavam em condições de se lembrar do seu estado de alma porque a própria identidade daquelas situações estava muito distante da identidade presente. A pessoa que se sente só representa-se a si mesma e suas relações com os outros de um modo profundamente diferente do usual. Isso favorece uma sensação de afastamento e de estranheza em relação às próprias experiências de solidão e, talvez, explique não somente os problemas de lembrança, mas também a dificuldade, freqüentemente confrontada, de envolvimento empático com quem se sente só, se não se está vivendo uma experiência semelhante.

Em segundo lugar, fazer um diagnóstico (ou um autodiagnóstico) do sentimento de solidão não é simples, porque os sintomas não são unívocos: vão do desconforto ao desespero; da inquietude à sensação de abandono; do medo à depressão; da raiva à vergonha. Partindo das confidências de grandes amostras de pessoas entrevistadas, é possível reduzir esses estados de alma a quatro grupos ou "famílias" gerais.

Ao primeiro grupo pertencem sentimentos de *desespero* de vários graus: a pessoa se sente abandonada, vulnerável, impotente, apavorada; resumidamente, sentimentos desse tipo lembram aqueles da criança que, deixada sozinha ou com estranhos, entra em pânico porque acredita que foi abandonada pelos pais. O segundo grupo compreende reações de tédio e impaciência: inquietude, incapacidade de concentração, desejo de estar em outro lugar, nervosismo. São bem expressos por este breve relato:

> Não agüentava mais e fui para a casa de minha mãe. Mas nada... em pouco tempo, precisei ir embora também de lá: não conseguia mais ficar sentada, tinha esta sensação de sufocação... queria sumir, levantar-me e sair imediatamente....

Ao terceiro grupo geral pertencem os estados *depressivos*, como a tristeza, a melancolia, a sensação de vazio, a saudade ou o desejo frustrado de estar com alguém. Este exemplo diz respeito particularmente a este último aspecto:

> Acho que ninguém pode compreender os sentimentos que não viveu. A sensação de vazio que se experimenta quando lhe acontecem ou lhe vêm à mente tantas pequenas coisas que você gostaria de compartilhar com alguém, mas não há ninguém com quem compartilhá-las...

A tristeza e o desconforto pertencem também ao quarto grupo de sentimentos. Mas, enquanto o estado de alma básico do grupo anterior é uma forma de desolada resignação e autocomiseração, este grupo é caracterizado por formas de *auto-avaliação*; a pessoa se sente inadequada, inútil, estúpida; sente vergonha ou desprezo por si mesma:

> Sinto que vou cair aos pedaços. Tenho vontade de chorar ou de quebrar alguma coisa. Sento-me à janela e olho as pessoas que se divertem. Sinto-me uma estúpida e uma inútil.

Assim como os estados emotivos, também os comportamentos apresentados por quem se sente só podem ser muito diversos e, por vezes, opostos. Há quem mergulhe em atividades intensas (estuda, trabalha, faz ginástica, e assim por diante), ou procure ansiosamente os contatos sociais (sai, telefona, vai encontrar-se com alguém); e também quem, ao contrário, deixa-se cair na apatia, na paralisia de qualquer iniciativa, em um estado de passividade triste em que as únicas atividades admitidas são chorar, dormir, comer ou, quando muito, assistir à televisão.

Como já mencionamos, os primeiros a pesquisar, no âmbito psicológico, o sentimento de solidão foram, na década de 1950, os psicoterapeutas Sullivan e Fromm-Reichmann. É interessante observar que um abordou a dimensão *ativa*, e a outra, a dimensão *passiva* da solidão.

Sullivan relacionou o sentimento de solidão à frustração da necessidade fundamental de intimidade, frustração cujo extremo desconforto torna-se uma força que motiva para a busca de contatos e de integração social. Em outras palavras, o sentimento de solidão é visto como uma "mola" que impulsiona na direção dos outros, permitindo-nos superar as ansiedades evocadas pelo contato social, como o temor de ser agredido, rejeitado ou ignorado. O medo da solidão seria, portanto, uma prova do instinto social do homem e uma garantia da predominância dos objetivos sociais, mesmo quando estes últimos se encontram em conflito com outros objetivos. Pode-se pensar, por exemplo, no comportamento quase "agressivo" de algumas pessoas tímidas que, apesar do pânico e da inabilidade, lançam-se na luta da vida social.

Fromm-Reichmann, no lado oposto, sublinha a vertente depressiva do sentimento de solidão e todos os componentes de desconforto, desconfiança ou ressentimento nos relacionamentos com os outros (e freqüentemente consigo mesmo) que levam quem se sente só a renunciar aos contatos sociais, mais do que a procurá-los, e a fechar-se no isolamento, mais ou menos apático ou hostil.

Como explicar que quem se sente só pode ter emoções tão diversas e manifestar comportamentos exatamente opostos? No momento, limitamo-nos a constatar que as descrições acima referem-se às duas "almas", ambas autênticas, da solidão. Para encontrar respostas mais completas, devemos penetrar um pouco mais na intrincada floresta da solidão (ou das "solidões").

CAPÍTULO III
FATORES OBJETIVOS:
GÊNERO, ESTADO CIVIL, IDADE

A solidão é um mal-estar muito democrático, no sentido de que não concede privilégios particulares a uma ou outra categoria de pessoas. São poucas ou nulas as características biológicas ou sociais — como ser homem ou mulher, casado ou solteiro, jovem ou velho — que estão *invariavelmente* associadas ao sentimento de solidão. Igualmente, viver na cidade ou no campo, ter determinada classe social ou certo emprego são fatores que raramente permitem arriscar previsões críveis sobre o conseqüente sentimento de solidão. A mesma coisa vale para a mobilidade geográfica (isto é, a freqüência de mudanças de residência), apesar das hipóteses sociológicas que relacionam a solidão dos nossos tempos com a precariedade dos relacionamentos sociais produzida pela mudança de ambiente e da comunidade de referência. Finalmente, tanto a freqüência dos contatos sociais como o número de relacionamentos de amizade não estão sistematicamente relacionados com o sentimento de solidão.

Todavia, alguns desses fatores objetivos têm certo interesse para o estudo da solidão. Mesmo não sendo indissoluvelmente ligados a ela, apresentam-se como *fatores predisponentes*, isto é, podem tornar as pessoas mais vulneráveis à solidão. Além disso, é inegável que algumas condições de marginalização podem desempenhar um papel não só predisponente, mas *determinante*. Pensemos, por exemplo, em situações extremas, como dos sem-teto, que com freqüência adotam a vida da rua depois de um longo percurso de vicissitudes que os reduz a uma existência feita de expedientes, incertezas, vergonha e desconfiança. Essas pessoas estão, literalmente, sozinhas no mundo. Não têm mais vínculos significativos, quer porque seus conhecidos lhes faltaram, quer porque, de uma ou de ambas as partes, qualquer contato é recusado, por vergonha, ressentimento ou desprezo. Os contatos mais superficiais, com estranhos, são marcados por medo e desconfiança, também aqui, recíprocas. De fato, polícia, ladrões, capangas, gente hostil e intolerante, todos representam perigo para aqueles que vivem na rua, inermes e expostos a toda sorte de agressões, especialmente à noite. O medo é acompanhado, freqüentemente, de uma hostilidade de defesa contra um ambiente inóspito; hostilidade que, confirmando e reforçando o medo do outro, não faz senão fechar o círculo do isolamento.

As situações de isolamento social de muitos imigrados, embora menos gritantes, são, com freqüência, igualmente extremas. Mesmo depois de encontrar trabalho, quando suas condições materiais de vida se tornam menos precárias, seu sentimento de solidão e exclusão torna-se muito agudo, alimentado pela erradicação do país de origem e pelas dificuldades de integração no país que os acolhe. Sua diversidade (ética, religiosa ou cultural) e a falta de uma cultura multirracial que consiga contrastar temores fáceis (como aquele, muito comum, de que os que vêm de fora da comunidade tiram o trabalho dos nossos desempregados) e ainda outras equações fáceis — a primeira delas, a da imigração e da criminalidade —, favorecem, também aqui, um clima de desconfiança, medo ou hostilidade nos seus confrontos. Com a possibilidade de transferir a própria família para o país que os hospeda, o problema da "miséria" afetiva dos imigrados é, sem dúvida, atenuado. Mas, da mesma forma, a solidão dos filhos, isto é, dos imigrados de segunda geração, não pode, de maneira alguma, ser descuidada. Esses jovens, freqüentemente aculturados e superficialmente integrados aos colegas do país que os acolhe, sofrem de um mal-estar mais sutil, mas bastante preocupante: não se sentem aceitos na família, porque muitas vezes não partilham nem a cultura de seus pais nem o saudoso sentido de pertença ao país de origem e, por outro lado, não se sentem aceitos nem mesmo pelo país no qual nasceram.

Entre tantos exemplos possíveis de marginalização, um outro de grande atualidade é o dos homossexuais. É verdade que, nas últimas décadas, a atitude em relação à homossexualidade mudou na direção de uma maior tolerância, mas não se pode dizer que os preconceitos e as desconfianças desapareceram. Por exemplo, um relatório do Eurispes,* de 1989, sobre a consciência da homossexualidade na Itália, já constatava uma passagem significativa de um juízo de condenação e reprovação moralista, observado em uma pesquisa anterior, para outro, sem dúvida menos censor, mas marcado, de qualquer maneira, por desconfiança e desconforto. Os homossexuais, se vistos a "distância", como uma categoria social genérica, não são mais considerados indivíduos suspeitos e viciados, de comportamento anormal e contra a natureza. Porém, com o encurtar da distância, o desconforto e a intolerância aumentam; por exemplo, ter um parente homossexual desperta, ainda, reações de intolerância e desgosto. Segundo declarações de uma ampla amostra de homossexuais, pelo menos até cerca de dez anos atrás, os familiares íntimos não conheciam sua verdadeira identidade em 41% dos casos. E, entre os familiares que vinham a ter conhecimento, somente 9,4% aceitavam a situação. Não surpreende, portanto, que, apesar das grandes conquistas, do tratamento mais respeitoso que os homossexuais passaram a receber por parte dos meios de comunicação, e de seu próprio "orgulho homossexual", essas pessoas percebem, ainda, que pertencem a uma minoria sujeita à discriminação, a qual as leva a esconder a própria identidade, a viver uma vida "dupla" e a sofrer de solidão.

    As variáveis biológicas e sociais, à parte o seu peso como fatores predisponentes ou determinantes, incidem também sobre a *qualidade* do sentimento de solidão. Em outras palavras, se é verdade que ser homem ou mulher, velho ou jovem, rico ou pobre, e assim por diante, não implica, em si mesmo, sofrer ou não de solidão, é também verdade que a forma particular que a solidão assume e o modo como é vista podem variar quando relacionados com esses fatores. Por exemplo, o sentimento de solidão de um velho, como veremos, apresenta, freqüentemente, características diversas das da solidão juvenil; de modo análogo, o sentimento de solidão de um cônjuge desprezado pode ser diferente do de um viúvo.

---

* Eurispes — Instituto de Estudos Político-econômicos e Sociais, na Itália (N. T.).

1. Diferenças sexuais: a solidão é mulher?

Conforme as primeiras pesquisas sobre a relação entre diferenças de sexo e sentimento de solidão, parecia que este último fosse um problema mais feminino que masculino, conforme o estereótipo cultural que atribui às mulheres maior sensibilidade e vulnerabilidade, particularmente na área dos afetos e das relações sociais. Mas logo se começou a levantar uma dúvida: as mulheres sofrem mais de solidão ou são somente mais propensas que os homens em *admiti-lo*? A dúvida era justificada pelo fato de que as entrevistas e os questionários usados apresentavam perguntas diretas, como "Você se sente só? Com que intensidade? Em que circunstâncias?". Recorreu-se, então, a instrumentos indiretos de levantamento, com questionários que continham afirmações como: "Não tenho ninguém a quem possa me dirigir (para pedir ajuda, conselho etc.)", "Ninguém me conhece realmente", "As pessoas estão ao meu redor, mas não estão comigo", e foram obtidos resultados muito diversos: em alguns casos, não houve diferenças significativas entre homens e mulheres; em outros, eram justamente os homens que sofriam mais de solidão.

O sentimento de solidão, portanto, atinge indiferentemente ambos os sexos, ou, talvez, atinja mais o sexo masculino. Aquilo que, de qualquer forma, parece consolidado é a maior *relutância* dos homens em *reconhecer* o problema. Por quê? A resposta mais plausível leva em conta os estereótipos e os preconceitos culturais relativos aos dois sexos: para um homem, admitir que se sente só parece ter conseqüências sociais mais negativas que para uma mulher; o homem que sofre de solidão está exposto a julgamentos mais negativos porque se distancia do modelo masculino de força e auto-suficiência que, embora em declínio, exerce ainda certa influência, pelo menos inconscientemente. Uma pesquisa confirmou a existência deste "estigma" social reservado aos homens que se sentem sós. Neste experimento, os participantes (tanto homens como mulheres) deviam ler um relato que descrevia uma pessoa que sofria de solidão; a história era sempre a mesma, mas o personagem alternava-se com um homem e uma mulher. Lida a descrição, os participantes tinham, então, de avaliar a aceitabilidade e o agrado social dessa pessoa hipotética: suas opiniões variaram de acordo com o sexo do personagem; se era um homem, as avaliações eram sensivelmente mais negativas.

Em resumo, os homens, temendo os juízos negativos (os próprios e os dos outros) associados à solidão, tenderam a se distanciar do problema e a não admitir que sofriam dele. A tudo isso, poder-se-ia arriscar a acrescentar uma hipótese de explicação posterior. Se é verdade que os homens, além de recusar-se a admitir seus problemas de solidão, sofrem deles também mais que as mulheres, seria possível supor uma relação entre estes dois fatos: os homens poderiam estar mais expostos ao sentimento de solidão justamente *por causa* de sua postura "defensiva". A tendência a negar o problema poderia torná-los mais vulneráveis e incapazes de dar-lhe um remédio. Diante deste mal-estar sem nome, talvez achassem mais difícil identificar-lhe as razões e procurar, em si mesmos e nos relacionamentos com os outros, recursos e estratégias para resolver ou mitigar o problema.

2. Casados, viúvos, divorciados e solteiros: estado civil e solidão

Se fizermos um rápido confronto entre a categoria dos casados e a dos "não-casados", descobriremos que os primeiros sofrem menos de solidão que os segundos. Este dado de partida é, sem dúvida, relevante, porque comprova, de alguma forma, o valor do casamento para o bem-estar psicológico do indivíduo. De fato, como se conclui de uma notável quantidade de estudos, as pessoas casadas não somente sofrem menos de solidão, mas são, em média, mais sadias, tanto mental como fisicamente, e vivem mais tempo. Além disso, existe uma diferença significativa também entre os esposos e os que simplesmente convivem, com clara vantagem em favor dos primeiros: as uniões insatisfatórias, instáveis e conflitantes são mais freqüentes entre os que apenas convivem do que entre os casados, como são mais freqüentes os sintomas de desconforto, como os estados depressivos e o alcoolismo. Uma explicação possível desta diferença entre casamento e convivência faz notar o grau diverso de dedicação que conviventes e esposos poderiam colocar como ponto de partida na relação. A opção da convivência, mais que uma sábia e prudente verificação da compatibilidade recíproca dos parceiros, poderia ser sinal de temor e de pouca disponibilidade fundamental em relação às responsabilidades implicadas em uma união estável e comprometedora (em termos sociais, jurídicos e religiosos) como o casamento. E se essa pouca disponibilidade existe no ponto de partida, não é, então, muito surpreendente que a união seja insatisfatória e precária.

O que é mais surpreendente é um dado posterior, obtido em uma série de estudos recentes realizados em diversos países ocidentais (Estados Unidos, Suécia, Canadá, Nova Zelândia): os casamentos precedidos de um período de convivência estão mais expostos a separações e divórcios do que aqueles sem tal convivência. Deve-se observar que, freqüentemente, uma união caracterizada por pouca dedicação recíproca leva a estabelecer formas de comunicação erradas, cheias de reticências e desconfianças por medo de ruptura. Pode-se, então, supor que a passagem da convivência para o casamento não seja necessariamente o resultado de uma opção convicta, mas possa acontecer por inércia, ou ainda pela esperança ilusória de que o vínculo externo se traduza magicamente em uma dedicação interna. Em todo caso, quaisquer que sejam as interpretações dos resultados de gênero, parece inevitável concluir que as expectativas positivas sobre a convivência carecem de fundamento: não desempenha o papel de fase de "prova" e, quando seguida do casamento, não representa realmente uma garantia de maior estabilidade da união.

Todavia, esses resultados em favor do casamento estão longe de permitir que lhes seja conferida a condição de antídoto contra o mal da solidão. Não devemos esquecer que tudo o que acabamos de dizer refere-se aos grandes números e às tendências de conjunto, que, como bem sabemos por experiência direta ou indireta, não excluem a existência de numerosos casamentos infelizes e, particularmente, de *solidões* matrimoniais.

2.1. A solidão do casamento

Čechov,* em uma carta ao irmão, escreve: "Se você tem medo da solidão, o casamento não é feito para você". A afirmação é, talvez, extrema, mas contém algum elemento de verdade: não basta estar formalmente em dois, não basta nem mesmo a afeição recíproca para afugentar o sentimento de solidão. O casamento, mais que um antídoto contra a solidão, pode servir de caixa de ressonância para os problemas pessoais e relacionais de cada um dos parceiros.

Muitas características da insatisfação matrimonial podem ser reduzidas a um denominador comum: a desilusão das expectativas. Os cônjuges começam o casamento com uma série de esperanças, fundadas ou infundadas, sobre o outro e sobre o relacionamento, mas, depois de algum tempo, verificam que a realidade dos fatos é muito diferente e se sentem traídos ou enganados numa relação que não oferece tudo o que prometia. Algumas expectativas estão ligadas ao contexto social e cultural. Pode-se pensar nas expectativas do "papel", isto é, as culturalmente atribuídas aos papéis de marido e mulher, e à sua crise, da qual tanto se fala: de um lado, a mulher não está mais disposta à abnegação dos primeiros tempos e, não se identificando nos papéis tradicionais de esposa e mãe, vê, freqüentemente, não atendidas suas reivindicações de autonomia, reconhecimento, realização profissional; por outro lado, o homem, embora cada vez mais declaradamente disposto a aceitar esta nova paridade, sente-se de alguma forma desorientado e ameaçado, e muitas vezes percebe uma desilusão, mais ou menos inconfessa, diante da postura reivindicativa ou, a seus olhos, prevaricadora da mulher. A tudo isso se acrescenta uma postura particular sobre a relação, que é comum hoje a muitos papéis, não somente aos de marido e mulher. Trata-se de uma visão de tipo "econômico", que faz prestar uma atenção, por vezes extrema, ao equilíbrio entre custo e benefícios advindos do relacionamento, com a

---

* Anton Pavlovich Tchékhov foi um importante escritor e dramaturgo russo, considerado um dos mestres do conto moderno (N. E.).

expectativa de um "ativo" no balanço e igualmente a dúvida constante do "passivo", isto é, de uma prevalência dos custos sobre os benefícios.

Muitas expectativas frustradas dizem respeito mais especificamente ao companheiro, a seu caráter e comportamento, que se revelam diferentes de como prometiam ser antes do casamento, nas fases "heróicas" do namoro e do noivado. De fato, é fácil que o entusiasmo e os ímpetos do namoro, aliados aos objetivos de boa apresentação de si, típicos desta fase, levem a idealizar o outro e o relacionamento, fazendo confiar em uma disponibilidade, um entendimento, uma fusão, física e espiritual, pouco menos que perfeita. No entanto, no cotidiano da vida a dois, começam a se revelar mil indisponibilidades, incompreensões e separações. O sentimento de solidão da pessoa casada parece caracterizado exatamente pela frustração das expectativas sobre o cônjuge e sobre a possibilidade de satisfazer, por meio da relação, uma série de necessidades afetivas e sociais. As clássicas afirmações reveladoras do sentimento de solidão, como "Não tenho ninguém a quem possa me dirigir quando preciso de ajuda (conforto, conselho)", "Ninguém me conhece realmente", "Sinto-me excluído pelos outros" sofrem uma transformação precisa no caso da solidão matrimonial: "Não posso dirigir-me a ele/ela quando preciso de ajuda (conforto, conselho)"; "Ele/ela não me conhece realmente"; "Sinto-me excluído de sua vida". E a diferença não está somente na referência do problema a um indivíduo específico, mas também na convicção tácita de que o problema não deveria acontecer, porque esperaríamos poder dirigir-nos àquela pessoa, sermos conhecidos e compreendidos por ela, não nos sentirmos excluídos de sua vida, e assim por diante.

São, sobretudo, as mulheres que denunciam a pouca qualidade do relacionamento, a falta de comunicação, a condução de duas vidas de fato separadas, embora na mesma casa. A dificuldade de comunicação é um dos problemas mais sentidos. Isto está relacionado, pelo menos em parte, com verdadeiras e próprias diferenças sexuais (mais ou menos culturalmente condicionadas) na comunicação: se é verdade que tanto os homens quanto as mulheres falam, nem sempre é também verdade que conseguem comunicar-se bem entre si. Basta pôr em confronto *de que coisas* falam tipicamente homens e mulheres e *qual o papel* que atribuem à comunicação. As mulheres falam praticamente de qualquer assunto, mas mostram especial preferência pelos estados de alma e pelos sentimentos suscitados pelas próprias experiências e pelas descrições e reflexões sobre os próprios relacionamentos familiares, afetivos e sociais em geral. Os homens, ao contrário, abordam muito mais raramente temas como os próprios sentimentos ou pensamentos mais íntimos, e privilegiam assuntos de ordem prática, tanto de trabalho como de lazer: automóveis, esporte, computador, e assim por diante. Além disso, para as mulheres a comunicação é freqüentemente um fim em si mesma: podem telefonar ou se encontrar com o simples objetivo de tagarelar, de se atualizar sobre "como estão"*, isto é, sobre as experiências vividas e as sensações experimentadas. Para os homens os contatos devem ter algum pretexto concreto: em geral, não se encontram somente para tagarelar, mas para discutir um problema específico ou para fazer atividades comuns: jogo, cinema, excursão.

Essas diferenças estão presentes, de alguma forma, em qualquer circunstância, mas no casamento são, em geral, acentuadas se comparadas com o tempo do namoro. Naquela fase, de fato, está presente uma maior dedicação recíproca ao tratar os assuntos mais disparatados. Particularmente, o homem mostra-se mais sensível às exigências femininas de abertura sobre a vertente emotiva, e também está mais interessado em ouvir as confidências da mulher sobre seus estados de alma, um pouco para conhecê-la melhor, um pouco para causar nela boa impressão. Esta é a mais típica frustração e queixa feminina, que pode ser resumida nas quatro palavras clássicas: "Não fala mais comigo".

Todavia, é interessante observar que, com a progressiva transformação e redefinição dos papéis, problemas que antes pareciam ser especificamente femininos começam a ser partilhados por ambos os sexos. O que segue é um exemplo extremo porque, neste caso, os papéis foram exatamente invertidos: o marido está fazendo as atribuições típicas da mulher "tradicional" e a mulher se comporta como marido "tradicional":

Minha mulher tem um trabalho de direção muito estressante e passa o dia atendendo uma multidão de pessoas... Eu sou um pai caseiro; exerço periodicamente uma profissão liberal, mas tenho, de alguma forma, muito tempo livre. Nos últimos anos, nossa rotina cotidiana foi esta: depois do jantar (que normalmente eu preparo), as crianças, de 5 e 9 anos, vão para a cama (por volta das 20 horas). Nesse momento, minha mulher se deita no sofá diante da tevê e dorme poucos minutos depois; normalmente acorda por volta das 23 horas, para dirigir-se à cama e de novo dormir, imediatamente. O sábado, em geral, é dedicado aos afazeres de rotina dos quais minha mulher não tem tempo para se desincumbir durante a semana (cabeleireiro, pediatra etc.); à tarde ela dorme. No domingo acontece, *grosso modo*, a mesma coisa... Nas poucas vezes em que consegui sair com pessoas com as quais poderia ter feito amizade, minha mulher foi acometida de uma tremenda irritação, e, em outra ocasião, quando fui almoçar com uma senhora, deu um escândalo de ciúme... Toda vez que toco no assunto de quando poderemos ter um tempo para nós dois, minha mulher me dá uma bronca e diz que, se eu tivesse de sair para trabalhar às 6 horas da manhã, também estaria cansado, e que um dos dois deve trabalhar... Normalmente, depois de ficar sentado ao seu lado na esperança de que acorde e me dirija a palavra — coisa que raramente acontece — sento-me diante do computador e navego na internet.

2.2. Os "não-casados": uma categoria heterogênea

Uma razão importante para considerar com cautela os resultados sobre a menor solicitude dos casados em relação aos não-casados é que esta última categoria é muito heterogênea: viúvos, divorciados (ou separados) e solteiros apresentam evidentes diferenças quanto ao sentimento de solidão. Quando se olha no interior de qualquer grupo, encontra-se que, enquanto os separados, divorciados e viúvos apresentam níveis estáveis de solidão decididamente superiores aos dos casados, os solteiros se comportam de maneira diferente: sentem-se muito menos sozinhos que os viúvos e os divorciados; mas, se comparados com os casados, apresentam um quadro nem sempre claro e coerente; às vezes permanece uma diferença em favor dos casados (que continuam a ser os menos "sós" de todos); outras vezes, no entanto, os solteiros parecem menos "sós" que os casados.

Antes de aprofundar o assunto sobre as várias categorias, é, portanto, oportuno fazer uma reflexão geral: se as diferenças de solidão entre solteiros e casados são confusas e de alguma forma fracas, não é *somente* o casamento que ajuda a pessoa a se sentir menos sozinha. Se o fator anti-solidão consistisse somente no casamento, os solteiros deveriam formar um grupo único com os viúvos e divorciados (ou separados). Devemos, então, perguntar-nos o que poderia agrupar casados e solteiros e diferenciá-los dos viúvos e divorciados.

2.3. Viúvos e divorciados: a solidão da perda

O que distingue os viúvos e os divorciados tanto dos casados como dos solteiros? O fato de que em sua vida de relação aconteceu uma mudança, muitas vezes traumática: a *perda* do companheiro. Certamente, perder o companheiro por morte é diferente de perdê-lo pelo rompimento da relação, e comporta, também aqui, diferenças no tipo de solidão. Mas a essas diferenças voltaremos mais adiante. No momento, concentremo-nos sobre elementos comuns.

As perdas de qualquer tipo são percebidas como mais graves e dolorosas do que as simples aquisições que vêm a faltar, mesmo quando o objeto perdido é idêntico, pela natureza e importância, àquele não adquirido: em ambos os casos *falta* alguma coisa, mas a diferença está na existência ou não de uma passagem da condição de possessão para a de não possessão. Perder alguma coisa ou alguém quer dizer *renunciar* à satisfação dos objetivos implicados com a sua presença e ao prazer que a pessoa já experimentou; impõe-se, portanto, a necessidade de uma penosa *readaptação,* negativamente, à situação. A simples falta de alguma coisa ou de alguém que se deseja não exige, no entanto, readaptações particulares. Uma série de pesquisas sobre os critérios que regem os comportamentos de decisão e de avaliação das opções mostra a tendência a se atribuir maior valor às perdas em relação a ganhos equivalentes; em outras palavras, o prejuízo associado à perda de um dado recurso tem uma avaliação maior do que a utilidade associada à aquisição do mesmo recurso. Além disso, aquilo que falta porque não existe causa maior sofrimento do que aquilo que falta porque simplesmente não existe (ou não existe ainda), porquanto se faz freqüentemente consigo comparações dolorosas entre a condição passada e a atual.

Entre as reações à perda da pessoa querida, exerce um papel de primeiro plano a incapacidade de perceber que ela não está mais conosco; esta incredulidade é sinal da dificuldade do processo de readaptação. Embora seja provavelmente mais forte no caso do luto, a incredulidade é experimentada também no caso de separação ou divórcio, como mostra o desabafo deste homem separado:

> A separação foi para mim um drama inesperado. Nunca teria imaginado que o amor entre mim e minha mulher pudesse entrar em uma crise tão cruel. E, no entanto, aconteceu, mesmo que não me pareça ainda verdade e eu custe a acreditar, sobretudo quando me levanto de manhã e me parece que o dia deva começar como anos atrás. Depois, olho ao meu redor, percebo que ela não está e me invade a angústia da sua ausência.

Uma reação típica, sobretudo no caso do luto, é a sensação de ver o companheiro ou ouvir seus passos ou sua voz, para depois voltar, mais desesperadamente que antes, a tomar consciência da realidade. Além disso, acontece o ímpeto de procurar a pessoa querida, apesar de se estar consciente da irracionalidade do próprio comportamento. Isso acontece em particular nas primeiras fases da perda, caracterizadas por um estado de alarme e protesto, reações típicas de quem não aceitou ainda o evento e não se readaptou à nova situação.

"Cada vez que se toma consciência da perda, outras emoções vêm à tona. O aturdimento dá lugar à angústia", como observa Colin Murray Parkes, um dos maiores estudiosos do luto e do lamento fúnebre. A pessoa se sente abandonada e experimenta a saudade intensa de tudo aquilo que perdeu de positivo. Trazemos aqui, a seguir, os desabafos de duas viúvas:

> Mesmo tendo filhos maravilhosos e netos adoráveis, a dor que sinto no coração parece nunca me deixar. Às vezes penso estar reagindo

muito bem, mas desde o Natal venho enfrentando a realidade de que meu marido não existe mais. A falta de um companheiro, de alguém com quem dividir idéias, alguém com quem rir, parece tornar-se mais insuportável a cada dia que passa.

Faz-me tanta falta... às vezes gostaria de morrer também... Tenho medo de mim mesma e desse desejo de estar com ele... Procuro fazer coisas divertidas e pensar que estou me divertindo por dois: funciona um pouco, mas, depois, desato de novo a chorar... Emagreci... Se ele me visse agora! Que maneira de emagrecer... Preferiria tê-lo comigo e ser gorda de novo.

Duas emoções negativas que estão fortemente associadas à perda do companheiro, seja por luto, seja por separação, são a raiva e o sentimento de culpa. É fácil, de fato, que a perda seja vivida como uma injustiça. A pessoa, então, procura um responsável pelo "mal" sofrido, e pode encontrá-lo em outras pessoas ou condições externas, censurando-as e agredindo-as, ou dirigir a censura contra si mesma, sentindo-se culpada. Freqüentemente, faz ambas as coisas.

Em caso de separação ou divórcio, um dos alvos privilegiados da raiva é o próprio companheiro que, com seu egoísmo, sua falta de compreensão, suas traições ou alguma outra coisa, teria provocado o rompimento. No luto, a raiva se volta contra qualquer pessoa ou coisa que tenha favorecido ou não prevenido a desgraça e, no caso de doença, tenha contribuído para o sofrimento do doente, inclusive o próprio morto (suas intemperanças, os poucos controles médicos etc.). Até a sorte ou Deus podem tornar-se alvos: "Por que justamente comigo?", é uma das reações clássicas. Como afirma uma viúva, por acaso "não é natural perguntar-se 'por que eu?', quando se vê outros casais mais velhos que ainda estão juntos? Percebo, às vezes, crescer a raiva contra Deus, porque, por alguma razão, voltou-se contra mim e está me punindo".

O sentimento de culpa alimenta-se de todos os "poderia" e os "deveria" aplicáveis às várias circunstâncias: "Poderia/deveria ter salvado o relacionamento, evitado a separação, ou tê-la tornado menos dolorosa (para mim, para o companheiro, para os filhos)"; "Poderia/deveria ter me doado mais, estar mais perto dele etc.". Além disso, o viúvo(a), sentindo freqüentemente o "dever" de sofrer para demonstrar (para si mesmo ou para os outros) a própria afeição ao cônjuge, pode sentir-se culpado tão logo comece a perceber que não sente mais a comoção dos primeiros tempos e está retomando o interesse pela vida, ou está se readaptando à nova situação. Até a reorganização da casa, ao tomar consciência do fato de que o cônjuge não está mais (e, portanto, dando novo destino a seus espaços e coisas), pode provocar sentimento de culpa. Uma viúva confidencia: "Não sei quando vou conseguir mandar embora as suas roupas e as suas coisas. Cada vez que penso nisso, sinto-me terrivelmente culpada".

A perda do companheiro(a) traz consigo muitas conseqüências negativas e sofrimentos de vários tipos. Entre todos, o sentimento de solidão, combinado com as emoções já descritas, é uma constante das mais graves. As necessidades frustradas às quais este sentimento de solidão é atribuído são de diversas naturezas: da necessidade de afeição a uma pessoa específica (receber e retribuir seu afeto, cuidar dela e receber seus cuidados etc.) à falta de um rosto ou de sons humanos na casa; do sentido de satisfação ou segurança procurado pela simples presença do outro à sua necessidade "instrumental", enquanto o outro partilhava ou assumia tarefas que a pessoa não podia ou não queria fazer. Muitas pessoas viúvas e divorciadas sublinham a importância das atividades realizadas a dois e o sofrimento de terem de se ocupar-se delas agora, sem o companheiro, porque isso automaticamente as faz sentirem-se mais sozinhas. Uma outra viúva afirma: "Até fazer as compras me faz sentir muito sozinha, porque íamos sempre juntos".

Uma forma de sofrimento muito particular, sempre ligada à perda da pessoa amada, é a de quem se encontra na condição terrível de "quase viúvo", porque a pessoa querida ainda está viva, mas, por causa de alguma doença debilitante (o mal de Alzheimer, por exemplo), desaparece lentamente diante de seus olhos. Esse tipo de condição, além de ter, em comum com a perda real, a frustração de muitas das necessidades há pouco mencionadas, apresenta ainda o gravíssimo desconforto de não permitir operações de readaptação: o "quase viúvo", de fato, embora sofrendo já a perda da pessoa querida, porque "ela não existe mais", não se acha no direito de viver o luto e não pode resolver, de uma vez por todas, a perda, redefinindo e reestruturando a própria vida.

Voltando às perdas reais, eventos negativos como luto ou divórcio são difíceis de ser administrados também pelos amigos, por causa do desconforto e do embaraço causados pelo dever de confortar a pessoa que ficou só. O dever não é nada fácil, tanto porque o contato com o sofrimento em si mesmo é desagradável como também porque é preciso considerar a irritabilidade, a hostilidade ou o estado depressivo no qual se encontra a pessoa que sofreu a perda. Ai de quem propõe remédios fáceis ("Tire umas férias", "Procure distrair-se") ou consolações banais ("Você vai ver que com o tempo...")! A reação, depressiva ou agressiva, do destinatário é muito previsível.

Além disso, o cônjuge era freqüentemente um elemento de união com uma série de amizades e conhecimentos, sobretudo os que eram vividos, justamente, em comum. Depois da separação ou do luto, fica difícil manter ou retomar muitos desses relacionamentos: ao embaraço de enfrentar o acontecimento negativo pode-se acrescentar a dificuldade de "reestruturar" a relação entre o viúvo(a) ou divorciado(a) e o casal de amigos, relação que é, de alguma forma, diferente daquela que existia entre os casais; e podem também nascer ciúmes ou temores de que o homem ou a mulher que está só, agora livre de laços e necessitado de conforto, represente uma ameaça para a união do casal.

Enfim, a viuvez e o divórcio comportam ainda hoje (embora menos que há algum tempo) uma perda de *"status"*: se considerarmos, sobretudo, as gerações mais antigas, as pessoas viúvas e divorciadas encontram-se, por assim dizer, "retrocedidas" a uma posição social inferior em relação aos casais, e, de alguma forma, costumam dispor de recursos econômicos reduzidos.

Por todos esses motivos, acontece freqüentemente que a solidão afetiva causada pela perda do cônjuge seja acompanhada de uma solidão social extensiva: assim, descobre-se que a perda maior provocou perdas menores posteriores, justamente quando se precisaria de conforto e apoio. E, freqüentemente, lamenta-se com amargura a falta de contatos sociais:

> Depois do funeral você não ouve as pessoas dizerem que vão continuar em contato, que vão convidá-lo? E, no entanto, o telefone nunca toca, e a língua, por falta de uso, não se cola ao céu da boca? Isto acontece comigo. Trabalhei... durante 25 anos, antes de me aposentar, e posso contar nos dedos de uma mão as vezes em que os antigos colegas me procuraram nos últimos doze meses.
>
> As pessoas, mais os casais, se sentem desconfortáveis na minha presença, os amigos sentem dó de mim, as mulheres me olham com piedade... Nós (viúvos) somos "estranhos", não por escolha, mas por obrigação. Que consideração a sociedade tem pelos viúvos e viúvas? Parece que boa parte os ignora.

2.4. Os solteiros: qual é a solidão?

Se a categoria genérica dos "não-casados" é muito heterogênea, a dos solteiros o é de modo particular. Em muitas pesquisas e enquetes, é considerado solteiro simplesmente quem vive sozinho, ou, mais exatamente, quem constitui uma família unipessoal em relação ao estado de família. O contingente dos solteiros torna-se, então, um grupo no qual estão "noivos" que vivem cada um em sua casa, ou pessoas que também convivem, constituindo famílias de fato (mesmo que para o cartório continuem a viver sozinhas), como também viúvos e divorciados. A situação italiana é emblemática a respeito: segundo o Istat,[*] quatro milhões e meio de famílias italianas (cerca de 21%) são compostas de uma só pessoa, mas a metade são pessoas com mais de 65 anos, em boa parte viúvas, divorciadas ou separadas. Começa-se a compreender, então, por que as comparações entre solteiros e casados apresentam resultados pouco claros: se entre os solteiros estão compreendidos também viúvas ou divorciadas, qualquer relação é

---
[*] Istat — Istituto Nazionale di Statistica (N. T.).

potencialmente enganosa, e não se pode compreender de que solidão se fala.

Mas, mesmo excluindo os viúvos e os separados, a categoria dos solteiros continua a ser muito heterogênea. Pensemos na diferença importante que existe entre "solteiros" estáveis e "solteiros" instáveis. São muitos os solteiros que entram e saem repetidamente dessa condição porque intercalam convivências mais ou menos longas com períodos de vida sozinhos. Além disso, entre os solteiros instáveis há os que "acenam" para a convivência, representando o estado de solteiro como uma fase transitória, e os que fazem o oposto, isto é, atribuem um papel transitório às convivências porque se apresentam, fundamentalmente, como solteiros.

Muitos jovens pertencem a uma ou outra destas categorias de solteiros transitórios. Na Itália, no entanto, o fenômeno é mais circunscrito que em outros lugares. Enquanto em muitos países europeus e nos Estados Unidos uma alta porcentagem de jovens entre 20 e 24 anos (por exemplo, 37% na Dinamarca e 19% na França e na Grã-Bretanha) deixa a família de origem e começa uma fase de vida sozinho, na Itália somente 1% faz uma opção semelhante nessa faixa etária. Muitos dos jovens solteiros dos outros países ocidentais chegam à convivência ou ao casamento na fase seguinte, entre os 25 e os 34 anos; os italianos começam a sair da casa dos pais justamente nessa idade, quer para viver um período como solteiros (mas trata-se de um fenômeno ainda circunscrito), quer para constituir diretamente seu próprio núcleo familiar. Em resumo, a Itália é o país da "adolescência prolongada", como é chamada a tendência dos jovens em ficar na família de origem até a plena idade adulta. E é também o país da família: quem não formou uma nova família costuma permanecer em casa com os pais, mais que sair para viver sozinho. Normalmente, a família italiana não favorece a saída do jovem, como não a favorecem as dificuldades de trabalho.

É preciso, ainda, levar em conta a existência de solteiros (no sentido de adultos celibatários e núbeis) que vivem com os pais e ao mesmo tempo podem ter relações de casal até estáveis e duradouras, como longos noivados ou uniões que não excluem a perspectiva do casamento ou da convivência, mas também não a prevêem explicitamente. Sobretudo na Itália, este é um fenômeno até freqüente: "fica-se junto" por anos, mesmo com satisfação recíproca, mas cada um com seus pais; talvez um dia se casem, quando, depois dos 30 anos, chegar o momento de decidir se vão constituir uma família, mas não percebem grande urgência. Em suma, a opção sentimental, até quando for possível, não coincide com a opção de vida, de compromisso e responsabilidade a dois.

Voltando aos solteiros mais ou menos estáveis que vivem sozinhos e que não se casaram anteriormente, devemos fazer uma outra distinção de extrema importância: a diferença entre os solteiros por necessidade e os solteiros por opção. Os primeiros são os antigos "solteirões" e "solteironas" — termos sempre depreciativos, particularmente no caso feminino — que correspondem àqueles que, mesmo não querendo, ficaram sem um companheiro porque não *puderam* mudar essa situação. Sua solidão é a da oportunidade que não aconteceu, do desejo insatisfeito, da possibilidade irrealizada. O estereótipo cultural — embora atenuado no caso do homem, que contempla também o modelo do "solteirão impenitente", até muito aberto a experiências sentimentais e, sobretudo, sexuais — é o de uma falência original de vida, que consiste, justamente, na falta de constituição de uma família ou de uma relação a dois. Essa falência pode ser "compensada" por uma vida cheia de interesses e de empenhos (culturais, humanitários, políticos), mas é representada, de qualquer forma, como uma falência. A pessoa que, consciente ou inconscientemente, percebe que pertence a essa categoria costuma viver suas opções, suas atividades, seus interesses, pelo menos em parte, como expedientes para compensar ou substituir aquilo que não conseguiu obter: um companheiro, uma vida a dois, uma família. Sua solidão pode assumir a forma de uma melancolia infinita, acompanhada, freqüentemente, de avaliações negativas sobre si (sobre as próprias capacidades de atração, sobre o próprio caráter, e assim por diante) ou também sobre os outros (egoístas, superficiais, indiferentes). Fica, no entanto, o fato de que a pessoa não sofreu o trauma da perda de uma relação e não precisou enfrentar dolorosas readaptações, mas somente aceitar uma "falta". E, no final das contas, parece que a tristeza do desejo insatisfeito não se iguala à dor de um desejo antes satisfeito e depois frustrado.

Finalmente, falando do solteiro por opção, trata-se, antes de tudo, de um fenômeno novo das últimas décadas. É um fenômeno revolucionário porque propõe uma revisão radical da concepção da vida a dois, que não é mais vista como uma etapa *necessária* da vida adulta. Conseqüentemente, a vida "solitária" não é mais vista como uma condição residual, resignada ou de alguma forma anômala, que é a sorte dos menos dotados ou dos muito "diferentes", os que estão fora da norma. O casal estável e a condição de solteiro são ambas opções de vida, e ambas estão sujeitas a possíveis revisões.

O solteiro por opção propõe, no bem ou no mal, a própria individualidade como valor primário, que não quer sacrificar para outros valores ou deveres (o aspecto negativo deste valor consiste obviamente no seu componente egoísta e na exclusão de muitas formas de abnegação, renúncia, sacrifício). O tempo (sobretudo o tempo livre) do solteiro, seus interesses e projetos não correspondem a compensações para preencher os espaços deixados vazios pela falta de uma vida a dois estável. Exatamente o oposto do que acontece no caso da condição de solteiro imposta, o solteiro voluntário defende ativamente sua autonomia e centra sua vida no objetivo de expressar de maneira livre sua personalidade e de viver "experiências" sempre novas, evitando rigorosamente tudo aquilo que é rotina, convenção, expectativa ou exigência social. Se, como é com freqüência inevitável, estas opções incluírem o preço da solidão, está disposto a pagá-lo. Mas a imagem da solidão proposta é radicalmente diversa da tradicional: não é a solidão do marginalizado, do rejeitado ou do desajustado; também não é a da pessoa frustrada pelos relacionamentos sociais e afetivos, mas sim o isolamento "criativo" de quem quer expressar e manter sua singularidade, isto é, sua liberdade, unicidade e originalidade. Como se observa em um relatório Eurispes de alguns anos atrás sobre a condição dos solteiros na Itália, os publicitários captaram logo estes valores e começaram a elaborar mensagens voltadas para este novo tipo de consumidor. Mencionamos uma, muito representativa, que propõe uma marca de uísque descrevendo seu consumidor ideal:

> Muito único, original, tem o dom da independência e o gosto de escolher todos os dias; fez suas experiências e agora sabe exatamente o que quer, como e quando. O momento da escolha, um momento muito singular. Verdes prados e colinas selvagens, linho amassado, couro inglês muito envelhecido, terno usado... um indivíduo que gosta de escolher sozinho as gravatas, mas o resto da vida passa-o em companhia de alguém. Tão singular, que é único.

Quem são os solteiros por opção? Os novos solteiros parecem apresentar as seguintes características: idade entre 35 e 50 anos, de classe média alta, exercem profissões novas (em geral liberais), gostam de viajar e são apaixonados pelas novas tecnologias, têm uma vida social muito intensa, freqüentam ambientes novos e mistos (isto é, não compostos exclusivamente de casais) e têm relacionamentos amorosos "passageiros", não necessariamente numerosos, mas pouco envolventes e duradouros, sem programas para o futuro: trata-se mais de encontros que de relações.

Deve-se precisar, no entanto, que, embora em expansão, o fenômeno é com certeza mais circunscrito do que pode parecer. É objetivamente difícil estabelecer quantos são os "verdadeiros" solteiros por opção. Não são poucos os solteiros forçados que, desejando apresentar uma imagem de si menos perdida, propugnam o valor da condição de solteiro sem compartilhá-lo realmente. Além disso, como mencionamos, existem muitos "pingentes" entre a condição de solteiro e a convivência: com certeza, também a condição transitória de solteiro pode ser considerada uma opção; mas pode também ser interpretada como um momento de espera, toda projetada para uma nova convivência.

2.5. Casados e não-casados: diferenças sexuais e solidão

Já observamos que o sentimento de solidão é comum a homens e mulheres, sem grandes diferenças. Se considerarmos, no entanto, a *interação* entre sexo e estado civil, poderemos encontrar alguma divergência interessante. Entre os casados, são as *mulheres* que manifestam maiores problemas de solidão. Ao contrário, entre os não-casados — tanto viúvos e divorciados como solteiros — são os *homens* que se sentem mais sozinhos.

Como interpretar esses resultados? No caso da solidão matrimonial, o maior sofrimento das mulheres pode ser atribuído pelo menos a duas razões. De um lado, elas poderiam ser mais sensíveis aos aspectos *qualitativos* do relacionamento conjugal, isto é, à profundidade e intensidade da união, à partilha dos interesses e valores, à profundidade da comunicação. Em suma, tendo expectativas mais altas sobre a qualidade do relacionamento, poderiam ser mais vulneráveis à frustração dessas expectativas. De outro lado, é preciso levar em conta o fato de que certo número de mulheres — especialmente se caseiras e mães — pode também sofrer de formas de solidão social: completamente absorvidas pela vida familiar (também a mais satisfatória), perderam os contatos com o mundo externo, ou nunca se ligaram neles, não têm uma rede de amizades pessoais e talvez se sintam um pouco prisioneiras do lar doméstico.

No caso da solidão dos não-casados, o maior sofrimento dos homens poderia depender de sua vulnerabilidade à ausência (devida tanto à perda como à pura falta) de uma companheira efetiva. Em outras palavras, as mulheres parecem mais capazes de tolerar a vida sozinhas, sem um companheiro, mas na vida a dois tendem a ser muito exigentes. Os homens parecem, no entanto, mais necessitados de uma relação a dois, e ao mesmo tempo não vão muito pelo olhar sutil de sua qualidade: são mais dispostos a se contentar. Em suma, o famoso ditado "antes só do que mal acompanhado" parece de origem mais feminina que masculina.

3. Crianças, adolescentes e anciãos: idade e solidão

No passado acreditava-se que o sentimento de solidão fosse uma experiência muito complexa para ser compreendida e experimentada pelas crianças, mas não parece que as coisas estejam ainda assim. Pensava-se também que a idade na qual se corria maior risco de solidão fosse a velhice, e, no entanto, a realidade diz respeito a uma outra fase da vida: a adolescência. Em todo caso, para além de qualquer diferença na quantidade da solidão experimentada, o que emerge, ainda uma vez, das pesquisas sobre a relação entre idade e solidão é que ninguém está imune a essa experiência, mas, ao mesmo tempo, existem diferenças na qualidade do sentimento de solidão experimentado. Em resumo, toda idade tem a *sua* solidão.

3.1. A solidão das crianças

Desde os 5 anos e, sem dúvida, dos 8 anos em diante, as crianças estão fundamentalmente em condições de compreender o que é a solidão, ligando-a, por exemplo, a sentimentos de tristeza porque não há ninguém com quem brincar ou falar, ou porque não há ninguém a quem se dirigir quando precisam de alguma coisa, ou porque não têm amigos.

Além de compreender o que é a solidão, as crianças são capazes de se sentir sós, manifestando sentimentos e comportamentos muito semelhantes aos dos adultos. Em geral, as crianças que se sentem sozinhas são, como os adultos, tímidas e inibidas socialmente, encontrando, por exemplo, dificuldade em iniciar uma interação e em fazer amizade; além disso, manifestam pouco interesse, atenção e disponibilidade para os outros, parecendo distantes e indiferentes às suas necessidades. Às vezes, porém menos freqüentemente, são até hostis ou agressivas.

Entre os fatores que contribuem para o sentimento de solidão infantil, os problemas na família desempenham, mais que outros, um papel importante. Os conflitos entre os pais despertam, muitas vezes, o medo de serem abandonadas (um dos temores mais comuns e terríveis das crianças) e, de alguma forma, fazem com que se sintam impotentes e sozinhas diante do dilema do sofrimento dos pais; além disso, podem alimentar desconfiança generalizada quanto aos relacionamentos afetivos. Para fazê-las se sentirem sozinhas basta também a pouca atenção, ou um cuidado centrado sobre a disponibilidade de recursos materiais e sobre a solução de problemas práticos, mas distraído ou pouco disponível em relação às suas necessidades afetivas, de comunicação e de partilha. Ver os pais sempre ocupados em outros afazeres e prontos a desviá-las para atividades que possam realizar sozinhas (do simples "estacionamento" diante da tevê ou com a babá às mais disparatadas atividades esportivas ou artísticas), leva-as a duvidar de que sejam tão importantes para eles, e ao mesmo tempo reduz o valor e o interesse das atividades que devem executar: freqüentemente parecem insatisfeitas, sem vontade, enfadadas, sempre à procura de novidades das quais se cansam muito depressa.

As perdas afetivas também estão, sobretudo para as crianças, entre os traumas mais graves. Especialmente a perda ou separação de uma figura pela qual nutrem afeição, como o pai ou a mãe, tem efeitos negativos muito sérios, em geral a longo prazo: ansiedade, melancolia, depressão, distanciamento emotivo e conseqüente dificuldade em estabelecer bons relacionamentos afetivos, falta de confiança em si mesmas e nos outros. Particularmente, o sentimento de solidão está entre as conseqüências mais recorrentes. Além disso, parece haver certa continuidade entre solidão infantil e solidão de adultos: ter sofrido a perda dos pais (por morte ou por causa de um divórcio) predispõe ao sentimento de solidão na idade madura, e a intensidade ou gravidade da solidão está relacionada com a precocidade da idade na qual acontece a perda. A seguir, quando aprofundarmos o assunto sobre a necessidade de afeição, voltaremos a esses aspectos.

Mas também os relacionamentos com os colegas não devem ser descuidados. Em particular, a humilhação entre os companheiros de escola, intimamente ligada ao fenômeno do *"bulying"*, hoje cada vez mais freqüente, pode ter graves resultados. A criança que é vítima de prepotência e maus-tratos por parte dos companheiros manifesta, muitas vezes, problemas psicológicos: entre as conseqüências mais comuns, encontramos a ansiedade e a depressão, como também problemas de auto-estima, dificuldade em estabelecer relações satisfatórias e, sobretudo, sentimento de solidão. A humilhação tem, de fato, o efeito de isolar a criança, tanto como causa direta — quando os "agressores" querem excluí-la de seus brinquedos e de suas atividades — quanto indireta — quando a vítima, por medo ou desconfiança, evita espontaneamente os contatos e se fecha no isolamento e no mutismo. Não devem ser temidas somente as agressões físicas, mas também as verbais, mais típicas das meninas, como ridicularizar o companheiro ou falar mal dele com os outros. Mesmo quando se trata de episódios menos evidentes, sua violência sutil e indireta as deixa ainda mais impotentes e incapazes de reagir, e alimenta inseguranças e suspeitas contínuas: a vítima sente-se sempre no centro das maldades e dos mexericos dos companheiros, mesmo quando não o é.

É verdade que, especialmente entre crianças menores, os fenômenos de humilhação têm caráter temporário: usualmente, no correr dos anos, o papel de vítima é exercido de vez em quando por crianças diversas. Talvez esta instabilidade tenha contribuído, no passado, para minimizar o problema, favorecendo, nos professores e nos adultos em geral, uma atitude um pouco mais tolerante, de espera e não-intervenção. Com freqüência o adulto, em resposta aos desabafos da criança humilhada, limita-se a tranqüilizá-la e a lhe dar conselhos como: "Não ligue para isso, acontece com todos" ou, então, "Não dê importância, vai ver que depois vão se cansar de mexer com você". E muitas vezes acontece justamente assim. Mas, hoje, começa-se a compreender que também as experiências temporárias de humilhação podem ter efeitos negativos duradouros. A criança que se sente rejeitada pelos companheiros pode desenvolver um profundo sentimento de humilhação e impotência diante da própria incapacidade de reagir; além disso, pode sentir-se desconfiada em relação aos relacionamentos com os colegas, e essa desconfiança não diz respeito somente aos agressores, mas também a todos os outros que, por conformismo ou medo, não intervêm em sua defesa. Em todo caso, a criança começa a perceber que não agrada aos companheiros, e este temor pode ser um obstáculo à formação de laços de amizade estáveis e satisfatórios, deixando-a vulnerável à solidão.

A vulnerabilidade da criança à solidão é agravada, hoje, também pelos poucos relacionamentos com os colegas. Antigamente, a rua oferecia muitas ocasiões de interação espontânea entre crianças. Atualmente, por razões óbvias, não é mais assim. Porém, mesmo fora da rua, os encontros não estruturados entre crianças são pouco freqüentes. De um recente relatório Eurispes, por exemplo, emerge que as crianças italianas (cada vez mais filhas únicas) passam a maior parte do tempo livre em casa com os adultos (pais, avós, babás), ou, então, desenvolvem, em outros lugares (ginásios, paróquias, campos esportivos), atividades dirigidas por adultos. Certamente, encontram-se na escola, mas também aí boa parte dos contatos com os companheiros é, de alguma forma, mediada pelos professores. Sem desconsiderar o papel educativo dos adultos, os relacionamentos espontâneos e não estruturados com os colegas são, no mínimo, igualmente importantes para o desenvolvimento da competência social. É com as outras crianças que se aprende de maneira *paritária* a agir socialmente, controlando a agressividade, vencendo os inevitáveis medos e temores, expressando as próprias emoções nas formas e nos contextos certos, impondo-se reciprocamente regras e respeitando-as, sem intervenções externas.

Enfim, deve-se acrescentar que, em casa, o adulto nem sempre é um companheiro de brincadeiras, mas em geral se limita a ser um "guarda" ou, de alguma forma, uma presença passiva, intervindo somente em caso de necessidade. A criança, portanto, dedica boa parte do tempo a atividades solitárias, muitas das quais parecem desempenhar um papel que preenche e substitui a interação real. O exemplo mais óbvio é oferecido pelo tempo passado diante da televisão: na faixa etária entre os 6 e os 10 anos, pelo menos duas ou três horas por dia, mas não raro muito mais. Computador e *videogames* seguem o ciclo, e quase sempre oferecendo um quadro resumido de interações "virtuais" julgadas por muitos com desconfiança, porque propõem uma sociabilidade ilusória e bem distante da experiência face a face, que a criança, depois, se arrisca a transferir para os relacionamentos reais.

Com isto não se quer, evidentemente, lançar uma sombra de suspeita indiferenciada sobre as atividades das crianças. O que interessa, como sempre, é procurar compreender as motivações dessas atividades. Há crianças que brincam sozinhas com prazer sem apresentar problemas de socialização e sem se sentirem solitárias. Estas gostam de experimentar, manipular e construir objetos e, freqüentemente, desenvolvem habilidades e competências criativas. Nesses casos, a solidão não nasce da rejeição dos outros nem é procurada para poder refugiar-se em alguma atividade consoladora, mas para se dedicar a atividades construtivas e gratificantes.

3.2. A adolescência: a idade da solidão

A saída da infância traz consigo mudanças radicais nos relacionamentos afetivos e sociais. É uma fase na qual, como diz uma menina, "tudo em nós muda e nos encontramos perdidos diante de um mundo novo". Com os desenvolvimentos físico, cognitivo e afetivo aparecem novas necessidades, expectativas e exigências às quais o adolescente percebe que deve corresponder e, igualmente, surgem mil incertezas, insatisfações e medos. Entre eles, o de não ser compreendido, valorizado ou amado, e a conseqüente solidão exercem um papel determinante.

Com a adolescência, os pais perdem progressivamente o papel de primeiro plano que tinham na infância: não são mais os "pilares", as figuras primárias de afeição e de referência. Seus valores, regras e expectativas são postos sistematicamente em discussão e confrontados com os propostos pelo mundo externo. Esse distanciamento parcial dos pais raramente acontece sem conflitos e "vaivéns" entre dependência e relativa independência. O adolescente, indeciso entre a vontade e o medo da autonomia, faz com freqüência exigências e reivindicações ambivalentes. Os pais, além de também indecisos sobre a independência que devem conceder-lhes, sentem-se desconcertados e confusos, e às vezes irritados, por suas imposições e protestos contraditórios. A conseqüência quase inevitável é certa cota de incompreensão e de sensação de estranheza, freqüentemente recíprocos. O adolescente se sente repelido em papéis que não lhe correspondem, percebe imposições intoleráveis, sente alteradas as suas mensagens e suas exigências. Resumindo, *não se acha compreendido*, e, portanto, tem a sensação de estar só na família: os pais se ocupam de alguém que não é *ele* (ou ela); não é com ele que tratam ou discutem, não é a ele que dirigem suas atenções ou cuidados, porque não o conhecem (ou assim ele acredita), e muito menos o aceitam.

Enquanto perde ou redimensiona os referenciais representados pelos pais, o adolescente se projeta fora da família, num mundo externo muito complexo e heterogêneo. De um lado outros adultos, incluindo os personagens públicos mais ou menos idealizados, propostos pelos meios de comunicação e pelo mundo do espetáculo, tornam-se referenciais e modelos que devem ser amados e imitados. De outro lado, os relacionamentos com os colegas crescem em importância: o adolescente tem necessidade extrema de ser bem acolhido, e até procurado e popular, entre os colegas do mesmo sexo, e começa, vacilante, a se firmar também nos relacionamentos com o sexo oposto. Encontra-se, assim, diante de numerosas exigências, regras e expectativas raramente congruentes de um grupo de referência para outro. A necessidade de se tornar aceito e agradável aos vários grupos ou indivíduos leva-o a apresentar imagens diversas de si, às vezes contrastantes. Percebe, portanto, com singular intensidade, o peso da "máscara" e da ficção social. Realmente, o sentimento de solidão que o adolescente experimenta em muitos casos está intimamente ligado a um sentimento de inautenticidade: "Sou realmente eu aquele que os outros procuram, apreciam etc.? Se me apresentasse como realmente sou, talvez não fosse aceito da mesma maneira".

A identidade do adolescente está ainda frágil e em evolução. Para ele, recitar uma "fala" e apresentar certa imagem não são somente meios para se fazer aceitar pelos outros, mas também para modelar a própria identidade, definir suas tendências e inclinações, os próprios valores e projetos. Esta operação pode alimentar outras dúvidas: para construir a própria identidade o jovem tem uma necessidade desesperada de modelos, que costuma imitar; porém, seu comportamento conformista, estando em contraste evidente com a autonomia de juízo e de comportamento exigida de uma personalidade realmente adulta e madura, pode fazer com que ele se sinta profundamente inadequado e humilhado. Tem medo de descobrir que, por trás da fala que recita, não haja *ninguém*. Portanto, ao medo de apresentar uma imagem falsa de si, escondendo dos outros quem é realmente, pode acrescentar-se um medo ainda mais grave: o de *não ter*, na realidade, *nada para esconder*, isto é, de não ter uma identidade. O jovem pode chegar a suspeitar que o motivo pelo qual os outros não o compreendem é que ele, não tendo uma verdadeira personalidade, não seja de fato "compreensível"; do mesmo modo, pode temer que não lhe dêem valor ou não gostem dele porque, olhando bem, não há ninguém a quem dar valor ou de quem gostar. Muitas vezes, as duas suspeitas — a de não ser "autêntico" e a ainda mais dramática de "não ser", e pronto — dão lugar a uma alternância de temores, como no caso desta moça, que no final opta pelo mal menor:

> Às vezes tenho a sensação de não ter a *minha* personalidade. Parece que sou uma cópia malfeita dos outros. Mas depois... percebo que, no fundo, também eu tenho minhas opiniões (erradas ou certas que sejam), também eu tenho experiências para contar, também eu tenho vontade de atingir um determinado objetivo... mas o que acontece é que não consigo expressar corretamente as coisas que quero dizer, sinto um bloqueio para falar de mim, daquilo que me aconteceu, não consigo me expor aos outros e, portanto, não me sinto *realmente* eu mesma quando estou com as outras pessoas.

As tentativas de autonomia de juízo e de comportamento são acompanhadas de um outro medo: o da responsabilidade. Responsabilidade implica prestar conta do próprio comportamento e pagar pelos eventuais erros cometidos. Não somente isso: antes, ainda, quer dizer *escolher*, e, desse modo, renunciar a alguma coisa em favor de outra com todas as dúvidas e lamentos que disso possam advir. A tudo isso se acrescenta o fato de que a responsabilidade da qual pode gozar um adolescente é muito indefinida, incerta e oscilante. Realmente, a ambivalência dos pais em relação às suas reivindicações de autonomia é um reflexo de uma ambigüidade mais geral, de toda a sociedade, que hoje não atribui ao adolescente um papel bem definido, não prevê "ritos de passagem" precisos da infância para a idade adulta (típicos, no entanto, de muitas sociedades tribais) e o mantém numa condição ambígua de adulto-criança: espera-se que seja responsável e empreendedor, mas também dócil e maleável. Uma condição do gênero provavelmente contribui para alimentar suas incertezas e seus conflitos.

O jovem encontra-se diante do dever de projetar a própria vida de adulto, de compreender o que espera fazer "quando for grande". De um lado, há o medo da responsabilidade e das opções, que o vinculam a uma certa direção, excluindo automaticamente outras mil possibilidades. E, de outro lado, há o medo de "se perder", de afogar-se no mar das possibilidades. Uma moça que apenas terminou de cursar a faculdade e encontra-se diante do desconhecido da vida adulta expressa bem este medo, junto com muita saudade do passado, dos dias da escola, tão familiares e tranqüilos:

> Hoje de manhã fui até a escola para apanhar o diploma e não procurei ninguém, nem meu professor, o das muitas discussões e das muitas aulas. Desci do ônibus, olhei ao redor: o quiosque, a ponte. Passei pelo portão: escuro, escuro, e muita tristeza... Senti como se alguém me tivesse apertado muito forte o coração. Como num relâmpago, senti de novo os perfumes, as vozes, os medos e, mais forte que o medo, a vontade de rir, que nos fazia cantar a toda voz... Quando subi, não tive vontade de ver ninguém... saí com o diploma nas mãos e, dentro de mim, uma sensação de vazio. Tive medo, muito medo de me perder.

A projeção do futuro com toda a insegurança, e, às vezes, a real angústia que a acompanha, é filha do desenvolvimento cognitivo. As capacidades de raciocínio do adolescente são, de fato, mais fortes em relação às da criança. Particularmente, desenvolve-se o pensamento abstrato e hipotético, que o leva a formular complexas e, não raro, agudas elaborações sobre o mundo das possibilidades, intermináveis reflexões sobre o objetivo da vida e sobre a morte, sobre valores, normas e princípios absolutos, sobre o sofrimento, como também sobre o fundamental "isolamento" de todo indivíduo, e sobre a incomunicabilidade da própria natureza mais íntima e autêntica. O adolescente conhece, assim, aquela solidão particular que chamamos "existencial", com seus componentes de fascínio e, ao mesmo tempo, de sofrimento: é a construção mesma da identidade e a conquista da autonomia que lhe impõem a consciência do seu inevitável isolamento dos outros enquanto indivíduo distinto deles, e da dificuldade, se não impossibilidade, de uma autêntica união e partilha.

Naturalmente, essa identidade, tão nova em relação à da infância, tão complexa e ainda não bem definida, coloca-lhe o dever de uma contínua introspecção, na tentativa de se compreender, de conhecer a nova pessoa que se tornou, ou melhor, que está se tornando. Daí, as freqüentes reflexões sobre si, seus próprios limites, sobre suas inadequações e insatisfações, e sua própria solidão diante de todos esses problemas. O trecho que segue, intitulado, muito propriamente, *Solidão*, dá-nos um exemplo disso:

> Acontece-me, no fim do dia, abrir a janela e sentar-me no chão da varanda. Sem olhar a rua, mas concentrando-me na parede que está à minha frente, reflito. Nasce-me uma grande confusão na cabeça. Passo horas fazendo-me muitas perguntas sobre a vida e, na maioria das vezes, não consigo encontrar uma resposta. Pergunto-me, por exemplo, por que sou uma pessoa que espera, amedrontada, que lhe aconteça uma determinada coisa e, depois, quando lhe acontece realmente, não a valoriza ou não lhe interessa mais. É como ficar acordada a noite toda para ver a aurora, e, depois, adormecer logo que começa a clarear o céu. E me pergunto também por que olho somente o lado pior da vida e por que considero o cotidiano como um longo e nauseante momento que deve ser superado todos os dias... Nunca conheci uma pessoa que sofra dos mesmos problemas, por isso, sinto-me sozinha. Somente essa pessoa, de fato, poderia me compreender realmente. Com freqüência me vejo triste... Tenho, também, grande desconfiança em mim mesma quanto à probabilidade de conseguir mudar positivamente por dentro.

Junto com os problemas de construção da identidade que caracterizam a solidão dos adolescentes, temos também aqueles ligados ao seu pensamento tipicamente idealista: na adolescência, a amizade, a partilha, a comunicação e a intimidade são valores absolutos. Tudo deve ser total e perfeito, sem meias medidas, exceções ou comprometimentos. Isso leva a expectativas muito altas e freqüentemente irreais, tanto sobre si mesmos como sobre seus próprios relacionamentos com os outros. Então, a discrepância entre aquilo que o adolescente deseja de sua vida social e aquilo que de fato consegue não pode senão ser muito grande. Se os confrontos com os modelos ideais de referência são irreais, se as regras e os padrões aos quais deve corresponder são absolutos, a frustração das expectativas é praticamente inevitável e grande, e a conseqüente solidão, muito aguda.

Quanto às regras, há algumas que dizem respeito ao estar sozinho. O adolescente, em geral, considera o isolamento, como muitos outros aspectos da vida, de modo ambivalente: às vezes estar só é entendido como uma coisa necessária, tanto para "ficar com seus pensamentos" e, portanto, dedicar-se à introspecção, como para "estar seguro com os próprios sonhos", como diz uma moça, e subtrair-se, assim, dos condicionamentos e das pressões externas. Às vezes, no entanto, o isolamento equipara-se a uma prisão, uma doença, uma condição de morte e é, portanto, cuidadosamente evitado. Em alguns contextos, em particular, evitar o isolamento torna-se uma norma necessária. Para muitos adolescentes, por exemplo, na tarde de sábado "deve-se" sair de casa, cair no mundo. Diversamente, a solidão física, que pode ser aceita e até agradável durante os outros dias da semana, torna-se insuportável. Estar só no sábado à tarde é um evento caracterizado como negativo *a priori*, porque constitui um sinal de falta de amigos, ou, mais exatamente, da falta das qualidades exigidas para se ter amigos. Além do que, é também uma violação, um indício de desvio daquilo que todos são, desejam e fazem. Isto se aplica em especial quando o adolescente *escolhe* não sair, porque não tem vontade de companhia ou de divertimentos programados. Esta sua indisponibilidade para aquilo que "todos os outros", ao contrário dele, desejam fazer o perturba e preocupa: não será "estranho", anormal, anti-social? Este conflito, na sua simplicidade, é emblemático da condição do adolescente, sempre indeciso entre a necessidade de reivindicar a própria unicidade e autonomia e a necessidade de se identificar com grupos de referência, sobretudo com os colegas, recebendo apoio e tranqüilidade desta uniformização com aquilo que "todos" desejam e fazem.

3.3. Terceira idade e solidão

Antes de tudo, deve-se dizer que, dado o envelhecimento geral da população, seria mais correto falar não somente de *terceira*, mas também de *quarta* idades. Por "terceira idade", de fato, referimo-nos em geral aos que passaram dos 60-65 anos; mas esta porção de população compreende uma faixa, entre os 60 e 70 anos e mais, que é freqüentemente muito ativa e auto-suficiente, e provê, de vários modos, às necessidades tanto dos mais jovens como dos mais velhos. Segundo um lugar-comum muito conhecido, a velhice coincide com o isolamento e com o sentimento de solidão. A primeira identificação, entre velhice e *isolamento*, é bastante fundada: a solidão física é uma condição presente para os idosos. Muitos deles vivem sozinhos ou têm poucos contatos sociais. A nossa geração, com suas famílias mononucleares, considera normal o que antigamente era praticamente inconcebível: não viver com os próprios velhos. Na Itália, cerca de 30% das pessoas com mais de 65 anos vivem sozinhas, e a porcentagem sobe para 50% nos Estados Unidos e até 65% na França. A maioria dessas pessoas é constituída de mulheres, muitas das quais são viúvas: as mulheres, de fato, vivem em média mais que os homens; e elas costumam sobreviver aos maridos tanto por este motivo como porque geralmente os homens se casam com mulheres mais jovens do que eles.

A segunda identificação, no entanto, entre a velhice e o *sentimento de solidão*, é muito simplista: nem sempre os idosos se sentem solitários, mesmo vivendo sozinhos e tendo, em geral, poucos contatos sociais. Por quê?

Uma primeira resposta vem exatamente da comparação com os adolescentes: os idosos são, em geral, muito menos idealistas e têm níveis de aspiração mais realistas e modestos. As experiências vividas levaram-nos a desenvolver estratégias de adaptação a situações adversas e a baixar, conseqüentemente, as expectativas sobre contatos afetivos e sociais. Dentro de certos limites, portanto, uma rede reduzida de relações e uma qualidade não excelente não representam grande problema.

Além dessa maior capacidade de adaptação, dois outros aspectos parecem cruciais para que o idoso não esteja particularmente exposto ao sentimento de solidão: ter e cultivar interesses e ser auto-suficiente. Os interesses têm grande importância. Não é por acaso que os idosos que denunciam solidão e insatisfação geral têm, na maioria das vezes, baixo nível de instrução. Essas pessoas correm maior risco de se sentirem sós, porque encontram maiores dificuldades para preencher seu tempo livre com atividades interessantes e satisfatórias. Sobretudo se o trabalho era a única atividade contemplada, a aposentadoria representa, inevitavelmente, um momento de grave crise, feito de inatividade forçada e de sentimento de inutilidade. Nossa cultura, entre outras coisas, é muito centrada no trabalho como sinal de produtividade e utilidade social: não é fácil, portanto, livrar-se dessa equação entre aposentadoria e fim de qualquer atividade significativa. O tempo livre dos idosos, que em outras idades é um tempo de prazer, corre o risco de se tornar um tempo de vazio, de inatividade humilhante e enfadonha, coisas de que se alimenta o sentimento de solidão.

Ser auto-suficiente é ainda mais importante para o idoso: é uma condição praticamente irrenunciável para que se sinta protegido contra o sentimento de solidão, tanto vivendo sozinho como no seio da família. A plena autonomia é fundamental (mesmo que nem sempre seja suficiente) para que possa ajudar os outros, e, portanto, sentir-se ainda útil. E, sobretudo, permite que *não se veja como um peso para ninguém*, que é uma das preocupações mais comuns na terceira idade. O idoso auto-suficiente pode ter certeza de que seus contatos sociais acontecem por *escolha* recíproca, não por necessidade. Se os outros o procuram, se querem estar com ele, é porque têm prazer em fazê-lo ou tiram disso alguma vantagem: somente assim podemos realmente nos sentir amados ou, de alguma forma, considerados e estimados. Sobre isso, é interessante observar que, conforme algumas pesquisas, os idosos parecem tirar mais satisfação dos encontros com os amigos que dos contatos com os parentes, e, particularmente, com os filhos. Isto depende talvez da menor "obrigatoriedade" que atribuem aos encontros com os amigos. Em outras palavras, encontrar os filhos ou estar com eles poderia trazer ao idoso uma gratificação menor pelo temor de que os contatos sejam motivados por sentimento de dever, mais do que por um desejo espontâneo.

Quando é que a terceira (ou quarta) idade encontra a solidão, formando com ela uma "irmandade" praticamente indissolúvel? O sentimento de solidão nasce, em primeiro lugar, de eventos *traumáticos* que modificam, de repente e de modo negativo, a vida afetiva e social do idoso, em especial as *perdas* afetivas. Lutos e separações são, como de costume, as principais causas de solidão, e deve-se dizer que, com o avançar da idade, os lutos aumentam de modo significativo. De fato, viúvos e divorciados (ou, mais freqüentemente, dada a maioria de mulheres, as viúvas e as divorciadas) são também e, sobretudo entre os idosos, as pessoas que mais sofrem de solidão. Se voltarmos por um momento para as diferenças de estado civil, algumas pesquisas, comparando o sentimento de solidão de mulheres idosas casadas, viúvas, divorciadas e solteiras, constataram que as solteiras se sentiam menos sozinhas do que todas as outras categorias. Por quê? Essas mulheres, mesmo não tendo uma vida social mais rica e intensa do que as outras, não haviam experimentado grandes descontinuidades ou mudanças traumáticas na própria vida de relação; além disso, carregavam nas costas uma longa história de independência e, se continuavam a ser auto-suficientes, mostravam-se satisfeitas com seus contatos, por mais reduzidos que fossem.

A perda da auto-suficiência, causada especialmente por deficiências ou doenças, é outro fator que "precipita" a solidão. A doença torna os idosos mais necessitados de assistência e faz, portanto, com que sofram mais com a redução dos contatos sociais. Todavia, também quando os contatos aumentam para corresponder às necessidades de cuidados do idoso, permanece, de qualquer maneira, o fato de que são impostos pelas circunstâncias, e ele se sente humilhado por depender de alguém e não sente grande prazer nos contatos com as pessoas que *devem* cuidar dele.

Existe ainda um "círculo vicioso" entre solidão e doença, tanto física como psíquica. A doença induz solidão e, vice-versa, a solidão facilita o declínio da saúde. Aqui, outrossim, o simples isolamento desempenha um papel: se o idoso não está rodeado de pessoas que se preocupam com ele e o obrigam a cuidar de si mesmo (por meio de visitas médicas, controles, preventivos etc.), a probabilidade de adoecer aumenta. Além disso, a falta de interações sociais incide negativamente sobre a atividade cognitiva, porque os estímulos sociais ajudam muito a manter eficientes capacidades como a memória e o raciocínio. A assim chamada "fraqueza mental", típica da idade avançada, está em íntima relação com o isolamento. Porém, mais que o isolamento, é o sentimento de solidão que incide sobre a saúde, em geral com a mediação de estados depressivos: o idoso que se sente só começa a descuidar de si, perde o apetite, o interesse por sua pessoa e pelas atividades cotidianas que permitem sua normal eficiência física e mental. Não somente isso, o sentimento de solidão e a depressão que o acompanha estão fortemente associados a um funcionamento reduzido do sistema imunológico, predispondo às doenças também por este caminho.

Naturalmente, a idade avançada *expõe*, mais que outras idades, tanto às perdas afetivas como à perda da auto-suficiência. Mas somente nesse sentido, e com a mediação desses acontecimentos, pode a velhice ser associada ao sentimento de solidão.

É preciso destacar, no entanto, um elemento agravante: as mudanças negativas que acontecem na idade avançada costumam ser vistas como perdas estáveis e imodificáveis, mais do que como desgraças passageiras. Esta é, sem dúvida, uma diferença qualitativa importante entre a solidão da velhice e a de outras idades. Se é verdade que o sentimento de solidão não tem idade, é igualmente verdade que em outras fases da vida é mais fácil interpretá-lo como um momento de crise transitória. O idoso, no entanto, destinado que está a percorrer o último pedaço da vida, vê as próprias perdas e insatisfações como pontos de *chegada* definitivos. Não é à toa que com a idade aumentam os *suicídios* e, paralelamente, diminuem as *tentativas* fracassadas de suicídio. Estas últimas têm, com freqüência, um caráter "demonstrativo": são protestos e pedidos indiretos de ajuda, que atraiçoam a esperança de obter ajuda e de poder aliviar o próprio sofrimento. O idoso, em especial quando muito avançado na idade, costuma renunciar à esperança. Entre outras coisas, se quem se sente só tem vergonha da própria solidão, interpretada como um sinal dos próprios desajustes, incapacidades ou culpas, para o idoso essa vergonha é, de modo particular, aguda. Ao denunciar o próprio sentimento de solidão e, conseqüentemente, a própria necessidade dos outros, o idoso receia perder "dignidade" e, sobretudo, ainda uma vez, ser um peso para os outros. Portanto, reluta, não raro, em pedir ajuda e em dar voz às próprias exigências. Mesmo com as pessoas mais caras, como os filhos, que "devem cuidar da própria vida", a preocupação de ser inoportuno está na ordem do dia.

Talvez o elemento mais grave da solidão da velhice seja justamente seu sentido de inevitabilidade, sua resignação inapelável. Uma das tantas senhoras idosas, sozinhas e doentes declara: "Apaguei a palavra 'esperança' do meu vocabulário". Essa renúncia à esperança faz entender o quanto são necessárias e importantes aquelas intervenções, sociais e individuais, destinadas a combater as atitudes de marginalização ou ainda de "suportação" em relação ao idoso, como também as destinadas a dar significado e valor ao seu tempo e às suas atividades, oferecendo-lhes perspectivas de interesse e utilidade social. Diversamente, a conquista de uma vida mais longa corre o risco de se traduzir em uma solidão mais longa, e, sobretudo, mais inevitável.

4. Competência social e vulnerabilidade à solidão

Por competência social entende-se um conjunto de capacidades que permite ter uma boa adaptação social e relacionamentos satisfatórios com as outras pessoas: saber ser atencioso, tomar iniciativa na interação, sentir empatia, comunicar os próprios desejos, as próprias opiniões, as próprias emoções e conseguir fazê-lo nas formas e nos contextos adequados, controlar a agressividade, saber colaborar e participar em atividades coletivas. A competência social não é certamente um fator "objetivo" com o mesmo critério do sexo, do estado civil ou da idade. Diz respeito, no entanto, a uma série de disposições e características de comportamento mensuráveis e confrontáveis de um sujeito para outro.

Os problemas de solidão estão *associados* à pouca competência social. Afinal, as pessoas que se sentem sozinhas manifestam, freqüentemente, também uma certa incompetência social: são pouco sociáveis, pouco cooperativas e disponíveis aos outros. Às vezes, sua sociabilidade fica não tanto *inibida* quanto *imprópria*. Costumam, por exemplo, manifestar níveis de abertura e confidência inadequados às circunstâncias: muita familiaridade no primeiro encontro com um estranho e, ao contrário, excessiva timidez, fechamento ou reserva com conhecidos e amigos de velha data. Às vezes, enfim, a própria incompetência assume conotações de anti-sociabilidade: desconfiança, desânimo e hostilidade.

Se é verdade, todavia, que existe uma ligação entre sentimento de solidão e incompetência social, não é igualmente clara a relação de causa e efeito entre ambos. É a incompetência social que provoca a solidão, ou vice-versa? É plausível que a incompetência social predisponha à solidão: quando se transmitem aos outros "mensagens" (mesmo que muitas vezes inconscientes e contrárias às nossas intenções) de desinteresse ou hostilidade, é fácil ser retribuído com a mesma moeda, isto é, provocar nos outros reações negativas de embaraço, frieza, pouca consideração e desconfiança. Daí, os contatos insatisfatórios ou pouco significativos e, portanto, o sentimento de solidão. Este rapaz de dezoito anos, afligido por uma grande timidez, está ciente disto:

> Sempre fui tímido, desde quando comecei a freqüentar a escola... Ainda hoje, tenho medo dos outros, sobretudo das mulheres (mundo desconhecido para mim), e resolvi o problema vestindo uma máscara:

expresso-me com frases feitas, respondo às perguntas com evasivas, tenho dificuldade para cumprimentar até colegas que conheço há anos. Por isso, tornei-me antipático aos outros. Não só isso: nunca saio, tenho dois ou três amigos com os quais me encontro apenas ocasionalmente. Sinto-me desconfortável no meio das pessoas, não consigo maior aproximação porque sou polêmico... Aquilo que em mim mais me apavora é que sou frio: não consigo ter um sentimento por alguém... Sou tão tímido que não consigo expressar minhas emoções...

O ponto de partida na relação entre solidão e incompetência social poderia ser, por outro lado, a própria solidão. Quem constantemente se sente sozinho, imagina-se rejeitado pelos outros ou tem medo de sê-lo; tem, portanto, uma disposição negativa (muito ansiosa ou hostil) que pode induzi-lo a se comportar de maneira socialmente inadequada e desagradável. Com muita probabilidade, é possível caminhar tanto nesta última estrada (da solidão para o comportamento inadequado) como na primeira (do comportamento social inadequado para a solidão).

Deixando de lado o problema da relação causal entre incompetência social e solidão, é importante, de alguma forma, observar que não se trata de um laço indissolúvel. Ou, pelo menos, nem sempre o modo de fazer da pessoa que se sente só tem sobre os outros o *efeito* temido. Algumas pesquisas partiram justamente desta pergunta: As pessoas que sofrem do sentimento de solidão (que por brevidade chamaremos os "sós") recebem avaliações menos positivas se comparadas com as pessoas que não têm este problema (os "não-sós")? Nesses experimentos, tanto os "sós" como os "não-sós" eram levados a se encontrar (sob vários pretextos) e conversar com outras pessoas (a quem chamaremos "juízes"), que viam pela primeira vez. Depois do encontro, perguntava-se aos "juízes" o que pensavam das pessoas com as quais haviam interagido. Resultado: os "juízes" não avaliavam os "sós" diversamente dos "não-sós", e, particularmente, *não os avaliavam menos positivamente*. Portanto, ficando nesses resultados, o comportamento dos "sós", mesmo admitindo-se que seja socialmente inadequado, *não induz* necessariamente nos outros *atitudes e juízos negativos*.

Quais são, no entanto, as atitudes e os juízos dos "sós"? Este é um resultado igualmente interessante, saído das mesmas pesquisas: os "sós", mesmo não obtendo avaliações negativas, mostravam, com freqüência, desconfiança e circunspecção, tanto em relação aos contatos sociais em geral como em relação às pessoas específicas com quem haviam interagido. E esperavam ser avaliados negativamente e não serem bem aceitos.

Em resumo, não parecem tanto as atitudes efetivas e os juízos *dos outros* que condicionam os "sós", mas as próprias *expectativas negativas* sobre esses juízos e atitudes. Quem se sente só acredita ou teme não ser agradável ou, até, se sente rejeitado; e, muitas vezes, pensa que o merece. Costuma não captar os possíveis sinais positivos de interesse e de atenção dos outros; além disso, tende a distorcer para o negativo aqueles sinais que são neutros ou somente ambíguos. Como veremos mais adiante, esses aspectos estão em íntima relação com problemas de auto-estima e redimensionam, ao mesmo tempo, o peso da incompetência social em causar ou favorecer a solidão. De fato, a solidão não parece depender tanto do efetivo comportamento dos "sós", e da conseqüente reação dos outros, mas das próprias interpretações e convicções sobre si mesmos, sobre o próprio comportamento e sobre o comportamento dos outros.

Há, porém, um último aspecto, mais sutil, porém igualmente interessante, que merece alguma reflexão. Considerando bem, não é totalmente exato dizer que, nos estudos anteriormente descritos, os "sós" e os "não-sós" foram avaliados *do mesmo modo*. Na realidade, algumas diferenças emergiram: os "sós" davam aos juízes a impressão (fundada) de se *auto-avaliarem negativamente,* e de serem pessoas *difíceis de se deixar conhecer*. Ter o que fazer com pessoas que não agradam a si mesmas e que parecem "difíceis de conhecer" não é muito encorajador; sobretudo, não convida a aprofundar o relacionamento. Em suma, é difícil que os "sós" sejam procurados e preferidos mais que outras pessoas. Em geral, quando se pode escolher, prefere-se tratar com pessoas mais sociáveis, positivas e cativantes. Portanto, mesmo não sendo alvo de avaliações negativas, os "sós" são expostos, se não a uma real rejeição social, pelo menos a uma aceitação não muito calorosa; é provável que sejam mais *tolerados* que amados e procurados. Além disso, sabemos que os "sós", por sua vez, não procuram os outros e, em geral, não tomam iniciativas sociais (sempre por causa de suas expectativas negativas e do medo da rejeição). É correto concluir, então, que não somente suas convicções e expectativas, mas também seu comportamento e as reações conseqüentes dos outros favoreçam, em parte, a solidão.

CAPÍTULO IV
FATORES SUBJETIVOS: ENTRE AS NECESSIDADES SOCIAIS E AS INTERPRETAÇÕES PESSOAIS

"A felicidade está no gosto e não nas coisas", dizia La Rochefoucauld. E dizia ainda, um pouco mais cuidadosamente: "A felicidade e a infelicidade dos homens dependem tanto da sua boa sorte quanto do seu temperamento". Isso é verdade também no caso da solidão. Causas e parâmetros objetivos, embora permaneçam importantes como fatores predisponentes ou "desencadeadores", não são suficientes. Não permitem explicar a grande variedade de reações, estados de alma, comportamentos de indivíduos que se encontram em condições objetivamente semelhantes. Por esse motivo, as pesquisas de psicologia social das últimas décadas estiveram orientadas cada vez mais decididamente para as causas e os componentes subjetivos da solidão. Neste âmbito, encontramos duas abordagens distintas de pesquisa que, embora sublinhem ambas a subjetividade da solidão, acentuam aspectos diversos: a primeira concentra-se na análise de algumas necessidades sociais básicas e sugere uma ligação direta entre a frustração dessas necessidades e o sentimento de solidão; a segunda enfatiza o papel das aspirações e expectativas pessoais e dos processos de explicação e avaliação individual das necessidades insatisfeitas, afirmando que os diversos níveis de aspiração e as diversas interpretações subjetivas incidem significativamente sobre o tipo e a gravidade do sentimento de solidão.

1. Necessidades relacionais e solidão

A solidão tornou-se um tema de interesse central para as ciências sociais por mérito de Robert Weiss, que já lembramos quando da importante distinção entre isolamento físico e solidão psicológica. A ele devemos também a relação da solidão psicológica com a satisfação frustrada das necessidades "relacionais", isto é, de necessidades que são satisfeitas por meio dos relacionamentos com os outros. Segundo Weiss, de fato, para compreender e enfrentar o sentimento de solidão é necessário identificar essas necessidades fundamentais. O sentimento de solidão não é senão um importante (e doloroso) "sinal de alarme" sobre as nossas relações: alerta de que alguma coisa não está bem, que dos nossos relacionamentos não recebemos os "recursos" dos quais temos necessidade para o nosso bem-estar geral e nossa adaptação adequada.

Quais são essas necessidades relacionais fundamentais? Weiss propõe duas categorias gerais: a necessidade de *afeto* e a necessidade de *pertença*. A primeira é uma carência de partilha da própria vida emotiva com outras pessoas, por meio de relações íntimas e estáveis que garantam plena disponibilidade e confiabilidade. Por "figuras de afeto" referimo-nos geralmente às pessoas com as quais a criança inaugura uma ligação afetiva e de dependência, como os pais e, em geral, os adultos que cuidam dela: dessas ligações, que pressupõem proximidade física e psicológica, assistência e tranqüilidade diante de todo elemento perturbador, a criança adquire um sentido de segurança e estabilidade, além da atenção material da qual tem precisão. Mas também na idade adulta formam-se laços de afeição (o exemplo paradigmático é o laço afetivo criado com o companheiro sexual), que servem para satisfazer exigências afetivas, pelo menos em parte, semelhantes.

A necessidade de pertença está menos orientada para indivíduos específicos com os quais se possam estabelecer ligações íntimas e preferenciais, e diz respeito a uma sociabilidade mais ampla. É uma busca de integração social, de sentir-se parte de um grupo ou de uma comunidade; de partilhar interesses, valores, normas e expectativas; de ser reconhecido como membro da mesma comunidade; de se sentir útil e ser estimado enquanto companheiro válido de cooperação e intercâmbio. A necessidade de pertença social é satisfeita, em geral, por relacionamentos menos íntimos que os anteriores: conhecimentos, amizades, relacionamentos de trabalho, participação em organizações e associações.

A distinção entre essas duas categorias gerais de necessidades — afeto e pertença — nem sempre é bem definida em todos os seus aspectos. E, nem sempre, como veremos, um certo tipo de relacionamento satisfaz exclusivamente *uma* das duas necessidades gerais. Trata-se, no entanto, de uma distinção útil e importante que corresponde a duas formas qualitativamente diversas de solidão subjetiva: a frustração da necessidade de afeto leva à solidão *afetiva*, enquanto a frustração da necessidade de pertença provoca a solidão *social*. As duas solidões são caracterizadas, de fato, por reações muito diversas. Os sintomas da solidão afetiva são, sobretudo, a ansiedade da separação, uma sensação de abandono, de vazio e de grande vulnerabilidade e impotência, que traz consigo um medo indiferenciado de não conseguir fazer frente às exigências e obrigações ordinárias da vida. Este desabafo amargurado de uma moça de 20 anos nos dá um exemplo disso:

> Faz quatro meses, minha mãe morreu... Eu e minha irmã estávamos sozinhas em casa quando ela parou de respirar... Ficamos agitadas como loucas... Eu lhe gritava com todas as minhas forças: "Respira!", como se ordenando-lhe mais decididamente ela pudesse voltar a respirar. O resto é confuso: o meu vizinho, os voluntários que se aproximavam dela, eu não entendia... Então o meu vizinho me disse: "Sinto muito", e então entendi... Fiquei ao lado dela e pedi-lhe que falasse comigo, que me abraçasse e que fizesse alguma coisa... tinha sido rápido demais para mim. Mas ela havia partido e não podia fazer mais nada... Tudo o que aconteceu depois foi um pesadelo sem fim, uma agonia... Pude entender que havia perdido, sem dúvida, a pessoa mais importante da minha vida... Ela nos havia prometido que, mesmo depois, estaria do nosso lado, invisível, como pudesse e que, de alguma forma, nunca nos deixaria sozinhas. Mas apesar de tudo isso... começou uma solidão interminável que eu nunca tinha imaginado, e nossa vida mudou completamente. Nós estamos mudadas... Sempre tive um caráter forte, mais ou menos como minha mãe... Mas agora estou extremamente frágil e enfraquecida; basta um pequeno gesto brusco... para me sentir ferida e me derreter em lágrimas... Às vezes, não acontece nem isso e sinto

um nó na garganta... Depois, quando não agüento mais, choro muito, sem dizer uma palavra, durante horas. Quando chego ao fim, sinto-me esvaziada, sinto como se dentro de mim não houvesse mais nenhuma força vital, como se não houvesse nada mais que o vazio.

Quem sofre de solidão social apresenta, ao contrário, os sintomas típicos de quem não encontrou seu lugar (um lugar cômodo e acolhedor) no meio de uma comunidade: sente-se estranho, incomodado, irritado; não se considera aceito, reconhecido, estimado, ou se sente até rejeitado e excluído pelos outros. A seguir, dois casos de solidão social, manifestada por dois jovens. Mesmo que de maneira diversa, ambos sofrem pela falta de amizades (ou de amizades significativas), e expressam sua sensação de estranheza, a falta de partilha e participação social:

> Tenho 28 anos e sinto que estou me apagando a cada dia que passa... Todos têm suas amizades... eu fico de lado e me vejo dando voltas com o carro, sem destino, com a minha companheira (a música), durante horas; nunca falei com ninguém, os meus pais não compreenderiam... (eles pensam que saio com os amigos). Tenho medo de falar sobre isso com algum colega meu, tenho medo que me considerem um diferente, um fracasso. Nos dias de festa, sinto-me exatamente um nada: o último Ano-Novo passei-o sozinho num morro, dentro de um carro, olhando do alto os outros que faziam festa... Que tristeza! Tive que chorar... não quero nem pensar no próximo Ano-Novo.

> Embora tenha uma vida social (trabalho, namorado, amigos), meu maior problema é justamente o de não conseguir me integrar... Participo sempre e só passivamente... Vejo os outros tão diferentes de mim... tão espontâneos, batendo papo, rindo, trocando idéias... Eu me sinto sempre tão diferente... e, conseqüentemente, não brincam mais tanto comigo... e, quase sempre, depois de uma noitada com amigos, quando volto para casa... sinto-me muito triste... porque percebo que não vivi plenamente aquela noitada... fui apenas uma espectadora.

Uma prova importante do fato de que a solidão afetiva e a solidão social correspondem à frustração de necessidades diversas é dada pela dificuldade em *compensar* a insatisfação de uma das duas necessidades pela satisfação da outra. Algumas pesquisas mostram, por exemplo, que a solidão afetiva não é aliviada por uma rede satisfatória de relações sociais. A aceitação, o apoio e a estima social, embora sendo reconhecidos e agradáveis, deixam inalterada (tanto no tipo como na intensidade) a solidão causada pela falta de uma pessoa querida.

1.1. Origem e função da solidão afetiva

Uma característica essencial do laço afetivo é a tendência dos companheiros em estar próximos e em restabelecer a proximidade se por alguma razão se separaram. Essa tendência é determinada biologicamente. Como demonstraram numerosas pesquisas, a partir dos estudos pioneiros de Bowlby sobre o comportamento afetivo, tal tendência não depende de processos de aprendizagem, mesmo precoce, das vantagens e desvantagens associadas, respectivamente, à proximidade ou à distância de uma figura de afeição. Trata-se mais de um impulso inato, comum a muitas espécies animais, em particular os primatas. O ser humano é um primata que viveu durante milênios em pequenos grupos compostos por indivíduos (uma dúzia ou uma centena) de ambos os sexos e de todas as idades, num ambiente físico exposto aos predadores, como a savana. Para um animal assim, ainda mais inerme do ponto de vista do equipamento físico, a única defesa verdadeira era representada pela proximidade dos membros da própria espécie. O indivíduo isolado do grupo, e especialmente o filho isolado da mãe, não tinha muita probabilidade de sobrevivência. Além da função de defesa dos predadores, é também plausível supor que o comportamento afetivo, favorecendo a permanência no grupo, trouxesse outras vantagens ligadas à sua organização: o acesso aos recursos alimentares comuns, por exemplo, como também a assistência em caso de doença ou de infortúnio. As crianças (e também, até certo ponto, os adultos) que não tinham qualquer "freio" ao próprio comportamento exploratório e costumavam, portanto, vagar longe dos membros da própria espécie, corriam o sério risco de sucumbir, mesmo sem a intervenção de um predador.

O agudo mal-estar experimentado em caso de separação das figuras afetivamente significativas e, portanto, a disposição de evitar afastar-se poderiam assumir a função de impedir, especialmente para a criança, as perigosas conseqüências do isolamento dos adultos. O estado de alarme, típico da criança separada da mãe, poderia ter, também ele, uma função precisa, quando se pensa no valor da vigilância numa condição na qual a separação coincide com a exposição ao perigo.

Com efeito, no campo psicológico a função do comportamento de afeição mostra analogias evidentes com a função biológica subjacente. A mãe (ou uma figura afetiva equivalente) é para o filho a fonte de toda segurança, a garantia de receber a assistência necessária em caso de necessidade. Essa garantia tem uma importância fundamental no desenvolvimento da criança, porque é condição para a execução de comportamentos novos, em ambientes e contextos diversos. É a "base segura" que permite as primeiras atividades de exploração, fundamentais para a aprendizagem. Dessa base segura a criança parte para se aventurar tanto no mundo físico como no das relações sociais, e volta à "base" depois de concluída a exploração, para receber novas provas sobre a segurança da situação e, portanto, partir novamente para uma nova exploração, um pouco mais arriscada que a anterior. Quando se observa o comportamento de uma criança de dois ou três anos em um ambiente estranho, pode-se constatar este contínuo "vaivém", da mãe ao ambiente circunstante, como também a progressiva ampliação de sua esfera de ação, até perder temporariamente de vista a sua fonte de segurança e prolongar cada vez mais a duração das explorações. Mas, se ao retornar de uma dessas explorações a mãe não for mais encontrada, a situação, então, muda de modo drástico: a criança perde repentinamente o interesse por qualquer estímulo externo que não seja um sinal da presença materna, mostra sinais evidentes de ansiedade e, muitas vezes, desata em pranto desesperado, que é um grito eloqüente de alarme e de chamado.

A ansiedade é uma das reações mais características na ausência da figura afetiva. Manifesta-se com comportamentos como o choro, a procura e o protesto irado, que têm todos uma evidente função adaptativa: ajudar os dois indivíduos separados a se reencontrar. Mas, tanto no caso do comportamento da criança como no caso do comportamento do adulto, por ansiedade da separação, não é preciso entender somente aquela ansiedade associada ao *perigo* de perder a pessoa querida. É verdade que, como já dissemos sobre a solidão de viúvos e separados, um estado de ansiedade e de alarme é mais característico das primeiras fases da perda, e é substituído por reações de tipo depressivo, como a angústia e a saudade, uma vez que se tomou consciência da perda. Todavia, esse desaparecimento não é tão automático e imediato. A ansiedade permanece por um determinado período, mesmo em adultos conscientes do acontecido, e é acompanhada de comportamentos involuntários de "busca" da pessoa querida. Em outras palavras, os mecanismos que controlam os comportamentos destinados a restabelecer a proximidade com a figura afetiva são tão instintivos e elementares que desencadeiam automaticamente a procura, a despeito da consciência de sua irracionalidade. Sob essa luz, podem ser interpretadas diversas reações típicas de quem sofreu um luto, como a hiperatividade motora, o pensamento constantemente voltado para a pessoa querida e a atenção seletiva para tudo aquilo que poderia ser um "traço" de sua presença, que leva a freqüentar os lugares associados a ela, como também a ter continuamente a impressão (que às vezes assume conotações de uma verdadeira alucinação) de vê-la ou de ouvir sua voz.

Os primeiros laços afetivos parecem ter uma importância que vai muito além da infância. A observação clínica tem posto em evidência que eles influenciam muito os laços afetivos posteriores. Em certo sentido, modelam-nos à própria imagem e semelhança, incidindo sobre a confiança da pessoa de receber aceitação, assistência e proteção, sobre sua segurança de ser "amável", sobre a ansiedade que acompanha os encontros e as separações: resumindo, sobre sua capacidade de estabelecer afetos satisfatórios e duradouros. Como já mencionamos, algumas pesquisas identificaram uma relação entre as experiências infantis de perda de uma figura afetiva e o sentimento de solidão. As pesquisas envolveram tanto crianças e adolescentes que tinham sofrido recentemente a perda de um genitor (por morte ou por causa de um divórcio) como estudos retrospectivos com adultos que haviam sido vítimas da mesma perda na própria infância. Em ambos os casos, emergiu uma relação entre a perda de um genitor e o conseqüente sentimento de solidão. E, quanto mais precoce era a perda, tanto mais o sentimento de solidão era grave e intenso. Particularmente, no caso dos filhos de divorciados, é oportuno precisar que o divórcio tende a ter conseqüências negativas que coincidem com uma perda relacional efetiva, isto é, se o filho verifica que, com o divórcio dos pais, aconteceu também um rompimento ou um enfraquecimento do seu laço afetivo com o genitor com quem não está.

No capítulo anterior, esboçamos as características da solidão "pela perda", distinguindo-a da solidão "pela falta" de um vínculo afetivo. Mas não respondemos, ainda, a uma pergunta importante: há alguma diferença entre o *sentimento de solidão* causado pela perda de uma pessoa querida e a *dor*, isto é, o sofrimento que tipicamente acompanha o luto e, em geral, a separação? Em outras palavras, o que é, então, esta solidão "pela perda", senão a dor e a lamentação por não ter mais a pessoa querida e não poder realizar todos aqueles desejos (vê-la, tocá-la, falar com ela, fazer atividades comuns etc.) que ela e o relacionamento permitiam satisfazer?

Alguns afirmam, com efeito, que a dor do luto *não* é sentimento de solidão. Ou melhor, não existiria, na realidade, um sentimento de solidão "pela perda", porque o sentimento de solidão exprime somente o sofrimento pela *falta* de uma relação. Também segundo Weiss, a perda de um vínculo afetivo daria origem *primeiramente* a uma forma de dor e de desejo doloroso, impotente, de que a pessoa querida volte, e *depois* ao sentimento de solidão pela falta de uma relação afetiva. Conforme esta visão, portanto — e este é um outro aspecto importante —, enquanto a dor do luto é um sentimento individualizado, centrado na própria pessoa querida da qual se está separado, o sentimento de solidão é o sofrimento pela falta não tanto daquela pessoa particular, mas daquele tipo de relacionamento. A distinção entre a dor do luto e a solidão parece estar na base das reflexões desta jovem senhora sobre os próprios sentimentos depois do rompimento de um noivado:

> Pensei que estivesse louca porque acreditava estar amarrada ao indivíduo a quem me havia entregado, ou que estava obcecada por ele, mas não era assim. O que me faltava era a idéia da relação, ter um relacionamento e experimentar os sentimentos associados a este relacionamento, não à pessoa. O que lhe faz falta, em primeiro lugar, é a pessoa, mas, depois de algum tempo, você toma consciência de que simplesmente o seu espírito se sente sozinho.

Há, sem dúvida, alguma coisa verdadeira nessa distinção: uma coisa é lembrar e sentir saudade de um indivíduo especial, outra coisa é sentir-se só. No entanto, dessas considerações seria precipitado concluir que a solidão pela perda de alguém não existe realmente e que aquilo que uma pessoa separada da figura querida experimenta é um misto (freqüentemente em seqüência) de dor de luto e de solidão por sua falta.

Podemos deixar de lado a dor do luto e qualquer sentimento individualizado, relativo à pessoa querida específica que foi perdida. Fica, de alguma forma, o fato de que se *perdeu* também *uma relação*, um tipo de relacionamento que trazia consigo uma série de benefícios afetivos dos quais se usufruía antes. É esta passagem da "posse" daquele tipo de relacionamento para a falta de posse que caracteriza a solidão pela perda de alguém (e que a distingue da solidão pela falta de alguém), independentemente de qualquer afeição individualizada. Nas palavras de Ítalo Calvino: "Se infeliz é o namorado que pede beijos dos quais não sentiu o sabor, mil vezes mais infeliz é quem apenas experimentou este sabor que depois lhe foi negado".

1.2. Necessidade de pertença e solidão social

A necessidade de pertença também tem grande importância. Não se trata de uma necessidade "periférica", uma espécie de acessório em relação à necessidade de afeição. Ou melhor, alguns psicólogos respeitáveis afirmam que a pertença é a necessidade geral básica, da qual a afeição a figuras particulares significativas não é senão um subaspecto. Nós, todavia, preferimos manter a distinção entre afeição e pertença, avalizada pelo fato de que a frustração delas parece fazer emergir, como já notamos, duas formas distintas de solidão. Isto não quer dizer que alguns relacionamentos possam satisfazer ambas as necessidades: pode-se pensar em especial nas amizades que, principalmente se forem "íntimas", podem apresentar tanto algumas características afetivas típicas das relações de afeto, como componentes comuns às relações de pertença.

O ser humano é um animal social que manifesta de mil maneiras os desejos de criar e de manter relacionamentos com seus semelhantes. Como a necessidade de afeto garante especialmente a sobrevivência e o cuidado da prole, também é muito plausível que o desejo de vínculos sociais tenha da mesma forma uma função adaptativa. Para os nossos antepassados, fazer parte de um grupo constituía uma estratégia de sobrevivência fundamental: era condição para partilhar os recursos e encontrar companheiros para o acasalamento; permitia a cooperação entre os membros do grupo, em virtude de atividades como a caça de grandes presas e a defesa contra os inimigos e contra qualquer ameaça externa.

A necessidade de contato e participação social e o desconforto causado pelo isolamento assumiram, portanto, a função de evitar a "dispersão" dos membros do grupo, que punha em risco a sobrevivência dos indivíduos isolados e, a longo prazo, do próprio grupo. Nosso medo da solidão que, como será lembrado, Sullivan considerava uma "mola" para a socialização, poderia, então, ser uma "herança" de tendências biologicamente determinadas, funcionais para a sobrevivência: por um lado, manter a proximidade com as figuras de afeição; por outro, mais geral, buscar os contatos com outros indivíduos da própria espécie.

A necessidade de pertença é tão fundamental que incide notavelmente sobre a nossa saúde, tanto física como psicológica. Algumas provas do quanto é importante para o nosso bem-estar são até surpreendentes. Entre elas, teve certa ressonância o assim chamado "efeito Roseto". Roseto, além de ser uma cidade de Abruzzo (Itália), é também o nome de um pequeno povoado da Pensilvânia oriental, nos Estados Unidos. A coincidência não é casual, porque a segunda cidade surgiu há uns cem anos por iniciativa de um grupo de emigrados nativos da Roseto original. Na década de 1960, a Roseto americana tornou-se um centro de atração para muitos estudiosos porque era caracterizada por um percentual de mortes por ataques cardíacos muito mais baixo em comparação com as cidades vizinhas, mesmo partilhando com elas uma série de recursos (água, alimentos, médicos e hospitais). Deve-se observar que a dieta dos rosetanos não era particularmente saudável; ao contrário, muitos hábitos alimentares mediterrâneos sadios (por exemplo, o uso do azeite de oliva) tinham sido abandonados em favor de outros bem mais discutíveis (como o uso do toucinho); e os homens, em especial, eram grandes fumantes e amigos da bebida. No início, pensou-se que os rosetanos fossem dotados de um gene especial que os protegia dos infartos. Mas esta hipótese foi logo abandonada, porque aqueles que deixavam a cidade — e se mudavam para alguma cidade vizinha — pareciam perder o gene mágico. Optou-se, então, por uma hipótese de natureza psicológica, que não recebeu desmentidos: o que imunizava os rosetanos contra os infartos era a presença de fortes vínculos sociais entre eles. Praticamente, todos os eventos tinham a participação de toda a população, eram comuns as visitas e a colaboração entre vizinhos de casa e as celebrações coletivas de todo tipo de acontecimento. Na verdade, a única coisa que distinguia Roseto dos outros centros dos arredores era esta: a cidade era uma espécie de família ampliada, um verdadeiro exemplo de solidariedade, colaboração e participação social. Infelizmente, com o tempo, estes fortes vínculos foram dia a dia se enfraquecendo: o estilo de vida de Roseto foi-se uniformizando ao estilo "americano", muito mais individualista, das cidades vizinhas e, lamentavelmente, o milagroso "efeito Roseto" desapareceu.

Fazer e sentir-se parte de um grupo que oferece aceitação e apoio é um remédio contra o estresse e, como muitos estudiosos epidemiológicos demonstraram, reduz a vulnerabilidade às doenças. Comparando-se gravidade de doença e probabilidade objetiva de recuperação, os doentes que carecem de apoio social correm muito mais riscos de piorar e de morrer. Isto é conseqüência, em parte, da ajuda e da assistência material que os vínculos sociais podem oferecer. Mas é importante observar que existem ajuda e apoio mais imperceptíveis que coincidem com a própria pertença. O poder antiestresse dos relacionamentos sociais vai bem mais além da ajuda prática: talvez baste saber que se é bem acolhido pelos outros e que se pode confiar neles para se sentir mais sereno e tranqüilo, mesmo não recebendo um apoio concreto particular. A simples presença dos outros representa, muitas vezes, um conforto, especialmente em situações de tensão ou de ameaça. Com efeito, na companhia de alguém (sobretudo se for uma companhia agradável) muitos fardos tornam-se mais suportáveis; e, por outro lado, muitas experiências positivas encontram ampliado o seu poder de gratificação. A partilha social, dizia Francis Bacon, "duplica as alegrias e divide ao meio as dores".

Muitas das alegrias e satisfações que experimentamos não são somente engrandecidas pela partilha social, mas dependem diretamente da sensação de ser aceito e benquisto. Várias emoções negativas têm estreito relacionamento com a sensação ou com o medo de ser rejeitado ou ignorado. Muitas vezes, não tem qualquer importância o contexto ou a atividade da qual se é excluído: o que interessa não é aquela determinada festa ou aquele encontro do qual alguém não poderá participar porque não foi convidado; o que importa é o *não ter sido convidado*. Realmente, o medo ou a convicção de ser excluído provoca um sofrimento que queima, que, conforme os casos, assume conotações de ansiedade ou depressão. É exemplo disso o desabafo de um rapaz sobre a rejeição social (especialmente por parte das mulheres):

> Tenho 18 anos e nunca namorei... Apavoro-me não somente com as garotas que posso abordar na rua (penso: o que vou dizer? E se ela me mandar para "aquele lugar"? É noiva? E se for noiva, o que vou fazer? E

se ela me entregar aos amigos dela e eles me baterem? As pessoas que passarem e me virem abordar a moça, vão pensar que sou um maníaco?). Coisas absurdas... Algumas vezes penso: "Os outros são melhores que eu? Não correm os mesmos perigos?" Mas me bloqueio... não sei o que dizer, o que fazer... Se alguma garota me olha, penso: "Não está olhando para mim"... ou, então, depois de um segundo baixo os olhos ou me mando... porque me apavoro.

No exemplo abaixo, no entanto, a pessoa enveredou pela estrada depressiva do "ninguém me quer":

> Estou desesperada e com um peso tão grande no coração que não consigo respirar de tanta angústia. Estou sozinha, nunca consegui ficar com uma amiga por mais de dois dias... Afinal, há muito tempo sei que ninguém me quer. Algumas pessoas estão destinadas a sofrer de solidão e medo para sempre, e eu sou uma delas.

O sentimento de solidão, como sabemos, não depende muito do número de relações ou da freqüência dos encontros. Os "sós" e os "não-sós" não apresentam, em geral, diferenças significativas quanto aos índices objetivos de contato social. O que, no entanto, faz a diferença é justamente a medida em que suas relações e seus contatos permitem satisfazer à necessidade de pertença. Em resumo, o sentimento de solidão social é determinado pelo quanto a pessoa se sente acolhida e aceita nos diversos contextos sociais. E é a qualidade das interações, mais que a simples quantidade, que incide sobre o bem-estar físico e psicológico. A pessoa deve sentir que compartilha com os outros interesses e valores; que pode contar com eles em caso de necessidade e, vice-versa, que pode ser útil, ajudar, colaborar ou aconselhar.

Uma demonstração da importância da necessidade de pertença é oferecida também pela relativa facilidade com que o ser humano de qualquer sociedade consegue estabelecer relações e, vice-versa, pelo desconforto que sente quando interrompe os relacionamentos, inclusive os mais ocasionais. A quem não aconteceu manter contatos cada vez mais nominais (limitados, por exemplo, à troca de cartões de Natal) com pessoas conhecidas em épocas distantes que, provavelmente, nunca mais vai encontrar? E, no entanto, percebemos certa resistência em riscar seus nomes de nossa agenda.

Também a formação de grupos acontece com facilidade e, em muitos casos, não depende de vantagens materiais tiradas da pertença ou de qualquer afinidade particular entre os componentes. Diversas pesquisas de psicologia social mostram que basta destinar, por sorteio, indivíduos (entre eles, desconhecidos) a grupos totalmente arbitrários (por exemplo, os "vermelhos" e os "azuis") para induzir de imediato nos participantes um sentido de pertença, caracterizado pela lealdade, identificação com o próprio grupo e "favoritismo" em relação aos companheiros, em geral acompanhado de imediatas disposições competitivas em relação aos membros dos outros grupos.

Se a necessidade de pertença não fosse tão instintiva, imediata e profunda, estabelecer relacionamentos e participar nos grupos dependeria estritamente de considerações "oportunistas": cada um deveria entrar e sair dos relacionamentos tendo como base o equilíbrio entre os custos e os benefícios da própria participação. Em particular, um balanço *vantajoso* (no qual se recebe do relacionamento mais do que se dá) deveria induzir a pessoa a procurar e conservar o relacionamento. No entanto, algumas pesquisas demonstraram que, apesar do utilitarismo reinante, os relacionamentos que as pessoas consideram mais satisfatórios não são os julgados mais vantajosos, mas aqueles nos quais se percebe uma *reciprocidade* entre o dar e o ter. Quer dizer, as pessoas se agradam (e conservam) mais dos relacionamentos nos quais, além de receber, *oferecem* também alguma coisa de alguma forma equivalente. Um relacionamento desequilibrado descontenta não apenas a quem dá mais, e, portanto, se sente compreensivelmente explorado, mas também a quem dá menos e se considera, por isso, explorador, uma espécie de "parasita", e, assim, um companheiro de valor e utilidade provavelmente não muito apreciados. Na realidade, a reciprocidade ("Eu conto com você, como você conta comigo") é um sinal de verdadeira partilha e pertença, favorece a confiança, reforça e aprofunda os relacionamentos. Tudo isso é particularmente evidente nas amizades: os relacionamentos mais satisfatórios entre amigos são na verdade aqueles nos quais existe reciprocidade no dar e no receber ajuda, conselho, conforto. E a falta de reciprocidade está ligada ao sentimento de solidão, tanto no amigo que está em "vantagem" (que recebe mais do que dá) como no amigo que está em "desvantagem" (que dá mais do que recebe).

1.3. Comunicação de si e sentimento de solidão

Existe uma necessidade social que se refere à categoria geral da pertença, mas aparentada também com a afeição nas suas formas mais íntimas e afetivas, que merece atenção particular: é a necessidade de revelar aos outros informações sobre si. Estas informações podem ser de diversos tipos: das mais gerais e objetivas (nossa idade, classe social, estado civil, tipo de trabalho, e assim por diante), que permitem que os outros, de alguma forma, se identifiquem conosco enquanto pertencentes a determinadas categorias de pessoas; às mais particulares e pessoais (nossos gostos, preferências, interesses, sonhos, projetos); e até as confidências mais íntimas e particulares, que revelam nossa natureza em toda a sua unicidade. Em inglês existe um termo muito expressivo para indicar esta necessidade: *self-disclosure*, isto é, "auto-revelação" (por meio da comunicação), em todas as suas possíveis graduações.

A auto-revelação permite satisfazer uma variedade de objetivos. Em primeiro lugar, pode haver uma função *expressiva* de manifestação e desabafo dos próprios sentimentos. A não-comunicação das próprias emoções, especialmente quando intensas, cria um estado desagradável de tensão, devida justamente ao esforço de "conter" a própria manifestação. Uma manifestação assim não exige necessariamente a presença de alguém diferente; ao contrário, às vezes é até inibida em público (o choro, por exemplo). Mas isso não exclui que muitas vezes a presença de outras pessoas seja uma condição desejada e agradável para a expressão das emoções, tanto as positivas como as negativas. O poder milagroso das partilhas é justamente este: tanto é verdade que alivia a dor quanto que torna a alegria mais intensa.

A auto-revelação tem também uma função de *auto-esclarecimento*: a comunicação aos outros dos próprios pensamentos e sentimentos nos ajuda a torná-los mais explícitos e claros a nós mesmos. A comunicação, de fato, facilita o pensamento: o simples fato de revelar a algumas pessoas nossas idéias, impressões e opiniões nos permite explorá-las mais a fundo, "resolvê-las" e organizá-las em um todo coerente. Quem, por vários motivos, evita revelar-se aos outros denuncia problemas de confusão mental, como este rapaz, que não consegue falar por causa da timidez:

> Por eu me calar, todos os pensamentos ficaram embaralhados na cabeça e restou somente uma grande confusão. Assim, não consigo ter uma opinião sobre qualquer coisa; o que falo nunca é aquilo que penso... Afinal, não sei mais o que sou.

Uma terceira função da comunicação dos nossos pensamentos é a *validação social*, isto é, a verificação da sua aceitabilidade pela reação dos outros. Freqüentemente, nossos juízos e opiniões apresentam algum grau de incerteza. Se nos faltam critérios e cânones objetivos de referência e se o assunto que deve ser tratado é complexo ou ambíguo, temos necessidade de comparar-nos com os outros, para verificar se descuidamos ou deformamos aspectos relevantes. Tudo isso vale para a comunicação de qualquer tipo de opinião ou juízo. Mas, em opiniões e juízos sobre nós mesmos — em que corremos maior risco de ter uma visão distorcida pelo envolvimento excessivo —, encontramo-nos particularmente necessitados de validação social: verificar, então, se e quanto os outros partilham dessas nossas impressões ou convicções nos ajuda a compreender melhor a nós mesmos.

Enfim, a auto-revelação serve também para o *desenvolvimento da relação* com o destinatário da comunicação. Particularmente, as relações íntimas exigem altos níveis de comunicação. O verdadeiro amigo, dizia Ralph Waldo Emerson, "é a pessoa diante da qual posso pensar em voz alta". O intercâmbio de "confidências" sobre si é condição para um conhecimento recíproco aprofundado. As confidências, além disso, fortalecem a relação porque, tendo um caráter privado, relativo a aspectos muito pessoais sobre os quais é mantida discrição, são demonstrações de confiança, e, por sua vez, têm tipicamente o efeito de desenvolver a confiança recíproca.

Para atingir os vários objetivos da auto-revelação é necessário, porém, satisfazer uma condição: ter o destinatário *adequado!* Um destinatário adequado é aquele que permite satisfazer os objetivos pelos quais a comunicação aconteceu e, quando necessário, mantém o sigilo sobre as informações recebidas. Nessa perspectiva, o sentimento de solidão pode ser visto exatamente como uma reação à falta de um destinatário adequado.

O destinatário adequado pode faltar por várias razões: pela ausência, de fato, de qualquer destinatário (como no isolamento físico) ou porque se perdeu o destinatário adequado (como no caso da separação de um confidente); ou, então, porque somente estão acessíveis destinatários inadequados; ou, ainda, porque a pessoa não é capaz de "aproveitar" destinatários que também considera adequados; ou, finalmente, porque tem muito medo dos riscos da auto-revelação e continua a desconfiar mesmo dos destinatários potencialmente adequados. Freqüentemente, na realidade, muitas dessas causas podem coexistir e é seu entrelaçamento que induz o sentimento de solidão. Somente para dar um exemplo, não é raro que, enquanto perdemos um destinatário adequado, nos vejamos também cercados por destinatários inadequados. Mas, em princípio, estas causas podem agir separadamente, dando origem a "síndromes" diversas, isto é, caracterizando tipos bastante diversos de pessoas "sós".

Quem perdeu uma pessoa querida e de confiança à qual se revelava encarna o tipo do abandonado, cujo estado de ânimo prevalente, como sabemos, é a sensação de privação e vazio deixado pela perda de alguém. Porém, enquanto um abandono acontecido involuntariamente é acompanhado pela saudade e pela lembrança da partilha de experiências, sentimentos e conselhos que o relacionamento com o confidente garantia, um abandono voluntário provoca, ao contrário, sentimentos de rancor e raiva: a pessoa se sente traída e rejeitada, intimamente ferida e desiludida por ter confiado em alguém que não merecia. Sua solidão é feita de amargura e humilhação, em que muitas vezes desempenha um papel importante justamente a falta de comunicação, a falta de explicações sobre as razões da rejeição, como no caso desta senhora, que dirige seu desabafo diretamente ao companheiro que a abandonou:

> "Problemas": vagos, mas explicados [...] a mulher [...] que você enchia de palavras, as mais belas que jamais tinha escutado, não é digna de receber as suas confidências. [...] Merece ser jogada fora de sua vida a pontapés, ignorada por dias e dias. [...] Você não tem remorso, não tem consideração por quem se vê rejeitada sem ter feito nada. [...] Uma semana inteira se passou sem uma palavra sequer de explicação. [...] É uma tortura mental aquela à qual você submeteu uma pessoa que não lhe havia pedido nada. [...] Uma pessoa que [...] deve estar no seu lugar quando se lhe diz que deve estar lá. E estar lá em silêncio. [...] Não se deixa uma pessoa no vazio total: no frio da alma, no vazio dos pensamentos [...].

Quem se sente rodeado de destinatários inadequados manifesta, no entanto, a "síndrome" do incompreendido. Seu mal-estar fundamental consiste em perceber os outros como estranhos, diferentes dele e, em geral, indiferentes nos seus relacionamentos, tanto porque fechados no próprio egoísmo como porque, de alguma forma, estão motivados por interesses e valores que não lhe interessam. Trazemos aqui, a seguir, dois exemplos de jovens "incompreendidos" que denunciam, ambos, a superficialidade dos relacionamentos humanos. O primeiro está ainda animado por sentimentos sociais positivos, enquanto o segundo é um pouco mais ressentido e hostil:

> Experimento continuamente sentimentos intensos e positivos pelos outros, mas me é impossível comunicar-me com eles; tenho medo de não ser compreendido porque neste mundo à minha volta domina a superficialidade nos relacionamentos entre as pessoas. Mas eu não tenho na cabeça suficientes coisas superficiais para dizer e, por isso,

não tenho companhia, e todas as coisas que os jovens de hoje fazem... Talvez algumas pessoas não foram absolutamente feitas para viver em sociedade.

Devemos ser mais conformistas? Não gosto das discotecas, e tenho que começar a freqüentá-las? Tenho também que seguir as modas que odeio? Ou devo me interessar por assuntos que considero banais, mas que para os outros são um bom assunto para animar as conversas? [...] Se a sociedade nos for hostil [...] até que nos comportemos todos do mesmo modo, então, prefiro não fazer parte dela.

O tipo do tímido, embora possa apresentar traços em comum tanto com o incompreendido como com o desconfiado (do qual falaremos mais adiante), está, em geral, concentrado sobre as *próprias* inadequações mais do que sobre as dos outros. O tímido encarna o caso daquele que se sente *incapaz* de aproveitar também dos destinatários adequados, porque está sempre preocupado em fazer o papel do estúpido, em dizer coisas banais, em se tornar antipático ou pouco interessante. Portanto, embora desejando se revelar, sente-se bloqueado pelo medo do julgamento dos outros:

Poderia expressar uma opinião própria, mesmo tola, logo que a penso. Mas, provavelmente, o faria gaguejando; faria papel de idiota, e, então, naquele momento, teria um motivo a mais para ficar calado. Estando calado, evitam-se muitos males. É verdade que se evitam também belas ocasiões [...] mas não sou do tipo que se arrisca [...].

Não sei o que dizer; escuto, esforço-me para pronunciar alguma palavra e me arrependo logo em seguida. [...] Fico ali com aquele sorrisinho ridículo no rosto e, por dentro, sinto a ânsia de sair... não vejo a hora de estar de novo sozinha, não vejo a hora de estar livre daquele peso no estômago, daquele nó na garganta [...] a quantas coisas renunciei, quantas coisas gostaria de ter feito... mas nada. Os dias, os meses passam e estou sempre aqui, lutando contra esse mal que me está destruindo. Nesta tarde um rapaz que me atrai muito chamou-me para uma despedida antes das férias... Vivi uma luta interior... de um lado, a felicidade do convite, do outro, o desejo de que o telefonema terminasse o mais rápido possível porque [...] odeio o que falo [...] e acabo sendo enfadonha, evidentemente. E no fim do telefonema, eis-me, como sempre faço, analisando o que eu disse, "mas por que falei isso?", "deveria ter dito assim e assado", "ele vai pensar que sou uma idiota". [...] À noite, antes de dormir, choro por causa dessa vida estragada e sufocada por esta timidez bastarda.

O tímido, de fato, está freqüentemente convencido de que as próprias dificuldades de comunicação estão nele mais que nos outros. Como declara um rapaz: "A minha alma está envolvida pelas construções da minha mente; é difícil conseguir me libertar delas". Uma boa cota do sofrimento da timidez está ligada justamente a esta consciência e ao sentimento de impotência que a acompanha:

> Eu sofro porque acredito que talvez eu seja antipático ou não agrade àquela pessoa que nunca me viu nem me conheceu [...] mas este mundo de solidão e de ilusão eu o estou construindo [...] sou eu o artífice, sou eu que ponho pensamentos na cabeça das pessoas sobre mim, sou eu que não falo e, se sou capaz de fazer tudo isso, por que não sou capaz de não fazê-lo?
>
> O mal de nós tímidos é que nos sentimos ameaçados pelo ambiente em que vivemos. Às vezes acontece-me pensar: se tivesse encontrado outras pessoas na minha vida, se minha mãe fosse outra, se vivesse num bairro mais civilizado [...] mas, depois de várias experiências, percebi que enquanto não nos sentirmos seguros por *dentro* [...] não nos sentiremos seguros em nenhum lugar... Parece-me que as pessoas me observam, me julgam, especialmente as moças, e vigio meu comportamento, a expressão do meu olhar... é uma pressão absurda, eu sei, e gostaria de ser menos autoconsciente no futuro [...] de resto, sei que os outros se preocupam fundamentalmente com seus afazeres [...] e, então, por que devemos nos preocupar também nós com o que eles pensam?

A tendência do *desconfiado*, ao contrário, é a de ver nos outros os mais variados sinais de inadequação, que impedem a comunicação e a partilha. Nisto o desconfiado se assemelha, em parte, ao incompreendido. Mas, enquanto para se sentir incompreendido basta sentir os outros distantes e estranhos, o desconfiado costuma *suspeitar* de que estão animados por *más intenções* a respeito dele, e evita revelar-se, mesmo aos destinatários mais adequados, com medo de que se aproveitem, de alguma forma, dele e de suas confidências. O desconfiado vê críticas, hostilidade, maledicências e enganos mesmo nos comportamentos mais neutros e inocentes, e até benévolos. Afinal, aos outros não se deve dar "confiança", de outro modo aproveitam-se dela; é preciso conservá-los a certa distância e se fazer "respeitar": esta é a orientação básica, que pode se manifestar depois, com maior ou menor crueza, e estar associada ou não à posterior suspeita de errar nas próprias "paranóias". Os dois exemplos seguintes, um quase paradoxal no seu extremismo, o outro, mais contido, são indicativos dessas diferentes graduações:

> Os "outros" [...] não fazem outra coisa senão pensar nas suas sórdidas comodidades, e se uma pessoa tem seus problemas eles não se incomodam! [...] Eu não estou nem aí para a piedade dos "outros". Não quero piedade, mas respeito! [...] Se dou um dedo ao "próximo", ele quer pegar a mão inteira!

> Faz pouco tempo, li um belo livro [...] que fala de um sobrevivente de uma epidemia provocada por um vírus que transforma as pessoas em vampiros, de sua luta para sobreviver. [...] Afinal, identifiquei-me com o personagem. De fato, sempre me vi cercado de pessoas hostis, prontas para me agredir tão logo baixasse meu nível de guarda, aproveitando-se do meu caráter, como se fosse um elemento que devesse ser eliminado, banido, um diferente [...] sempre percebi isso. Com certeza, se não tivesse sido afetado por essa "patologia debilitante" — ainda a chamo assim — teria julgado o próximo de maneira diferente, talvez tivesse tido com os outros relacionamentos menos superficiais. [...] Meus melhores amigos, no final das contas, são os livros, com os quais tenho ótimos contatos, talvez porque com eles me sinto à vontade e não tenho necessidade de mentir e alterar minha personalidade escondendo-me atrás de uma máscara. Dos livros podem ser tiradas muitíssimas receitas para resolver os próprios problemas; mas o que podemos fazer com todas essas receitas se, depois, não temos as panelas e os fornos para prepará-las?

2. Aquilo que "faz a diferença": as expectativas pessoais

Até agora falamos de necessidades afetivas e sociais, de sua não-satisfação, e do conseqüente sentimento de solidão. Mas há dois modos muito diversos de entender a palavra "necessidade": um mais objetivo e outro mais subjetivo. Com base na versão objetiva, ela é exatamente uma *necessidade* enraizada em uma determinada espécie, e sua satisfação permite a sobrevivência e a boa adaptação dos indivíduos daquela espécie. E, como vimos, as necessidades que se referem às categorias gerais da afeição e da pertença são realmente enraizadas na espécie humana.

A versão subjetiva de "necessidade" aproxima-a do significado de palavras como *escopo* ou *desejo*: trata-se, aqui, de estados mentais, mais que de necessidades objetivas. Para sermos mais exatos, trata-se de *estados desejados,* representados na mente dos indivíduos. Sua satisfação ou insatisfação depende da *relação* entre os dados de fato (ou melhor, não tanto os dados de fato, mas aqueles que o indivíduo *percebe* como tais) e esses estados desejados. Se há uma discrepância entre estado desejado e estado percebido, então o escopo é importante para o indivíduo; e quanto maior é a discrepância registrada, tanto mais a insatisfação trará sofrimento.

É exatamente nessa perspectiva que consideram a solidão os assim chamados modelos da *discrepância cognitiva*, dos quais L. Anne Peplau foi um dos promotores mais importantes. De acordo com esses modelos, o sentimento de solidão é definido como a experiência de uma discrepância entre as relações afetivas e sociais desejadas (tanto no número como na qualidade) e as conseguidas.

É útil precisar que esta abordagem não está necessariamente em contraste com o modelo das necessidades relacionais de Weiss. Não pretende, pois, colocar em discussão as bases biológicas dos nossos objetivos afetivos e sociais. Ou melhor, nada impede acreditar que o mesmo fato de ter (e partilhar com a maioria dos nossos semelhantes) certos objetivos ou desejos sobre os nossos relacionamentos com os outros tenha profundas raízes biológicas. O que esta abordagem quer ressaltar é a dimensão *cognitiva* da solidão, isto é, o papel das representações mentais das próprias "deficiências" relacionais. São essas representações individuais que permitem explicar melhor por que, juntamente com as necessidades objetivamente não satisfeitas, algumas pessoas podem sentir-se mais sozinhas do que outras, ou, então, por que certo *grau de satisfação* de uma necessidade já é suficiente para alguém, enquanto é insuficiente para outro. Há os que se contentam com dois ou três amigos com quem se encontram de vez em quando (e, até, não gostariam de enriquecer sua rede de relações), enquanto outros se sentem logo enfastiados ou tristes quando precisam passar uma noite em solidão. A uma mulher pode ser suficiente um sorriso ou um olhar especial de seu companheiro para se sentir recompensada e amada, enquanto outra pode ter uma fome insaciável de contínuas e apaixonadas declarações. Há os que para se sentirem em intimidade com alguém têm necessidade de níveis extremos de comunicação e revelação recíproca, enquanto para outros basta alguma confidência casual.

Sêneca dizia: "Nunca é pouco aquilo que é suficiente". E, de modo complementar, é também verdade que nunca é muito aquilo que não é suficiente. Com isto entendemos sublinhar que somos nós, individualmente, que devemos estabelecer aquilo que é "suficiente". Depende muito das *expectativas* das quais partimos. No caso da solidão, as expectativas em jogo são as *relacionais*, isto é, aquelas sobre as nossas relações com os outros.

As expectativas relacionais de cada um de nós dependem em boa parte de nossa experiência e história pessoais. Se tivermos vivido relações com altos padrões tanto quantitativos (número elevado de relacionamentos e alta freqüência de contatos) como qualitativos (níveis elevados de comunicação, intimidade, reciprocidade e partilha), tenderemos a ter altas expectativas sobre os nossos relacionamentos posteriores. E, vice-versa, teremos expectativas mais baixas se nossa vida social passada tiver apresentado padrões mais modestos.

Nossa história pessoal, no entanto, não é feita somente de experiências diretas de "sucessos" ou "insucessos" relacionais. Nós podemos *herdar dos outros* as nossas expectativas. Isto acontece em pelo menos dois modos fundamentais. De um lado, aprendemos quais *deveriam* ser nossos níveis de aspiração, através das normas e dos valores que nos são inculcados, precocemente e muitas vezes tacitamente, pelos pais, professores e outros adultos significativos. De outro lado, deparamo-nos continuamente com as aspirações e as expectativas relacionais dos outros, em particular dos nossos grupos de referência, e costumamos *uniformizar* nossos padrões quantitativos ou qualitativos com os deles. Se nosso grupo de referência tem expectativas elevadas sobre os relacionamentos afetivos e sociais, também nós poderemos tê-las.

Assim, tanto pelo processo de aprendizagem dos valores sociais que acontece nas fases iniciais da socialização, como com base no confronto social direto, podemos encontrar-nos com expectativas *irrealistas*, isto é, que *não correspondem* às nossas efetivas capacidades de relação e, talvez, nem às nossas exigências mais autênticas. Fazendo assim, o sentimento de solidão está quase garantido, porque muito dificilmente conseguiremos preencher a diferença entre aquilo que esperamos e aquilo que conseguimos: a discrepância entre expectativas e dados de fato estará sempre presente, mostrando-nos o quanto somos insatisfeitos com os nossos relacionamentos com os outros. Como podemos nos lembrar, uma das causas do sentimento de solidão dos adolescentes consiste justamente em suas expectativas muito elevadas, no idealismo e no absolutismo que impõem de não se contentar com formas "imperfeitas" de partilha, comunicação ou intimidade.

Poder-se-ia, então, observar: se o problema está nas expectativas, basta redimensioná-las, abaixando-as ao nível dos dados de fato, e tudo volta ao lugar: a discrepância é eliminada ou reduzida, e o mesmo acontece com a solidão. Alguém, de fato, disse: "Felicidade não é ter o que se quer, mas querer o que se tem", isto é, *saber contentar-se*.

Mas saber se contentar não é tão fácil. As expectativas, geralmente, não são redimensionadas pelo ato mágico da vontade. Também os raciocínios conscientes e racionais, feitos "na prancheta", sobre as nossas reais possibilidades e capacidades de relação, têm um poder limitado. Mais exatamente, as mais sábias e cuidadosas considerações e reflexões sobre nós mesmos e os outros, para conseguir o sucesso desejado, devem corresponder a uma convicção íntima e profunda sobre a falta de fundamento de nossas expectativas. Diversamente, na maioria das vezes, aquilo que conseguimos modificar não são tanto os nossos desejos e expectativas, mas as intenções conscientes e os comportamentos. Vamos a um exemplo: suponhamos que, raciocinando bem, eu conclua que, quando desejo alguma coisa de meu marido, preciso fazer pedidos explícitos, mais que esperar que *intua* as minhas exigências; conseqüentemente, poderei então não ficar amuada se ele se mostrar pouco "intuitivo", e poderei, também, procurar ser mais direta, comunicando-lhe os meus desejos. Mas seria garantido que, ao fazer assim, eu consiga modificar, além do meu comportamento, também as minhas expectativas em relação a ele? Junto com as minhas reflexões conscientes e racionais, podem conviver pensamentos e convicções "latentes", sobre as quais não estou nem mesmo consciente, por exemplo: "Quem ama *verdadeiramente* procura adivinhar os desejos do outro", ou ainda: "Quem é verdadeiramente amado não tem necessidade de pedir nada"... Se as coisas forem assim, é provável que eu continue, de alguma forma, a esconder a expectativa (inconfessa) de que meu marido leia meus pensamentos, e a experimentar um sentimento de desilusão e amargura cada vez que verifico o contrário. Pensando bem, isso não exclui que a simples modificação do comportamento seja um passo importante e que, com o tempo, isso tenha influência também sobre minhas expectativas. Mas o processo não é tão automático e imediato, nem garantido.

O papel da relação social também tem, aqui, uma importância crucial. Continuemos com o mesmo exemplo e suponhamos que o marido de minha melhor amiga possua esse dom maravilhoso, que eu considero um sinal distintivo da excelência de uma relação a dois: ele é sempre solícito e pronto em antecipar os desejos dela. E meu marido, ao contrário, não... Certamente, eu posso entender a realidade e "decidir" que minhas expectativas devem ser, de alguma forma, redimensionadas. Posso, também, procurar diligentemente conviver com outros casais com relações menos idílicas e tirar vantagem desse relacionamento. Fica, porém, o fato de que *eu tive que* baixar minhas pretensões, enquanto minha amiga não precisou fazê-lo. E esta consideração traz consigo, freqüentemente, um sentimento de renúncia e derrota (além de eventuais sentimentos de inveja): cabe a mim, de fato, admitir que *não estou em condição* de escolher os melhores termos da relação, que devo "me contentar", enquanto outros podem se permitir manter as próprias expectativas elevadas. Em outras palavras, é fácil que o redimensionamento das expectativas nos leve a um estado depressivo de *resignação* (e de resignada solidão), mais que a uma *aceitação* sadia e positiva dos nossos limites (ou dos limites dos nossos relacionamentos).

Há um outro aspecto importante que deve ser observado. Se é verdade que as expectativas irreais sobre os nossos relacionamentos predispõem a problemas de solidão, é verdade também o inverso: *a solidão favorece*, paradoxalmente, *expectativas irreais* sobre a qualidade e a intensidade da satisfação que se deve esperar das relações afetivas e sociais. Como assim? É preciso lembrar que a pessoa que se sente só não raro se envergonha da própria solidão, porque a considera um sinal de inadequação ou de incompetência social; ou, ainda, faz disso uma culpa, porque a atribui às próprias atitudes e comportamentos egoístas ou hostis. Em todo caso, tenderá a manter escondidas as suas insatisfações relacionais, e, assim, não terá a oportunidade de um relacionamento real com os outros. Mais exatamente, dada a sua relutância em se revelar, evitará sistematicamente esse relacionamento.

A conseqüência é que a pessoa que se sente só freqüentemente *não conhece as insatisfações e a solidão dos outros*. Realmente, os "sós", embora sejam uma multidão, costumam se perceber como únicos em seu sofrimento: são "sós" também nisso... Essa ignorância facilitará a convicção de que os outros são bem mais felizes e recompensados do que realmente são, e de que conseguem satisfazer expectativas sociais mais elevadas. E sobre essas expectativas *presumidas* a pessoa sozinha recalcará as próprias expectativas.

Além disso, faltando relacionamento e partilha de problemas, temores e frustrações com pessoas reais, a pessoa sozinha encontra e adota como referência um outro gênero de expectativas irreais, porque artificiais: a dos personagens públicos ou dos protagonistas das novelas. Para não falar da publicidade, que muitas vezes propõe cenas familiares ou sociais, por assim dizer, adocicadas.

3. Solidão como falência relacional

A solidão, segundo os modelos da discrepância, não é senão um tipo de falência. O que é, de fato, uma falência em sentido psicológico? Ter um objetivo, ou certa classe de objetivos (em nosso caso, os relacionais), procurar satisfazê-los e não conseguir (total ou parcialmente). Entre o estado desejado e o percebido há uma discrepância, porque a realidade dos fatos não corresponde aos nossos objetivos.

Os primeiros psicólogos que se ocuparam dos "sucessos" e "falências" fizeram-no em âmbitos distantes dos das relações sociais, como a motivação e a aprendizagem em contextos intelectuais ou práticos. Mas, como veremos, muitas das conclusões a que chegaram são transferíveis para a solidão como falência relacional. Assim, deixemos a solidão de lado, por um momento, para considerar os resultados mais relevantes desses estudos sobre o sucesso e o insucesso no domínio intelectual ou prático. Um resultado já indiscutível é que as falências e os sucessos — também em relação a objetivos de importância equivalente — não produzem sempre as mesmas conseqüências sobre o indivíduo: não provocam nele sempre as mesmas *reações emotivas*; não incidem sempre do mesmo modo sobre as suas *expectativas* futuras; e não influenciam sempre de maneira semelhante sobre seu efetivo *rendimento* futuro, isto é, sobre seus sucessos ou falências posteriores em situações similares.

Uma falência (ou um sucesso) tem conseqüências muito diversas conforme a pessoa a *explica*, isto é, conforme as *causas às quais a atribui*. Por exemplo, receber uma nota baixa no trabalho escolar é sempre uma experiência desagradável para o aluno. Mas a explicação que ele vai dar para esse insucesso (tirou uma nota baixa porque estava distraído e sem vontade; ou porque não compreende nada da matéria; ou porque o colega, em quem confiava, lhe deu uma sugestão errada; ou porque o professor tem alguma coisa contra ele) determinará em boa parte o seu estado de alma, suas expectativas sobre o sucesso dos próximos trabalhos e, até, as notas efetivas que vai tirar nos trabalhos posteriores.

As teorias *atribuicionistas* que foram originalmente desenvolvidas no domínio da aprendizagem e da motivação para o sucesso fundamentam-se justamente nesta premissa: são as explicações que as pessoas encontram para os próprios sucessos ou falências, isto é, as causas às quais os atribuem, que incidem significativamente sobre suas conseqüências. Antes de tudo, o sucesso ou insucesso pode ser imputado a uma causa *interna* (isto é, reside em alguma característica ou comportamento da própria pessoa) ou, então, *externa*, independentemente da pessoa (circunstância, outros indivíduos, condições ambientais). Além disso, uma causa (interna ou externa) pode ser considerada *permanente* (e, portanto, imodificável) ou, então, *contingente* (e, então, modificável). Com base nesses dois parâmetros gerais (interno/externo e contingente/permanente) foram identificadas quatro categorias gerais de causas: o empenho, a capacidade, as características objetivas do "trabalho", especialmente seu grau de dificuldade, e o acaso (isto é, a sorte ou o infortúnio).

A presença ou ausência de *empenho* é uma causa interna, porque depende da pessoa, e contingente, porque pode variar de situação para situação; e esta variabilidade está sob o *controle* da própria pessoa: é ela, de fato, quem decide se e quanto vai se empenhar para atingir o objetivo em questão. A presença ou ausência de *capacidade* é também uma causa interna, mas permanente, dizendo respeito a propriedades e características consideradas, em geral, estáveis e imodificáveis. Deve-se observar que existem grandes diferenças individuais no modo de representar uma série de qualidades pessoais. Há quem costume considerar muitas delas como dons (ou carências) estáveis e imodificáveis (e, portanto, causas permanentes de sucesso ou insucesso); enquanto há os que têm uma visão mais dinâmica, e vêem como sucessos possíveis de processos de aprendizagem que exigem o empenho individual. Pode-se pensar, por exemplo, na inteligência, que para muitos é uma capacidade imutável, uma parte da "bagagem" de qualidades das quais somos equipados no nascimento, enquanto para outros está sujeita a modificações de acréscimo e aperfeiçoamento por meio da experiência e do exercício. O mesmo acontece no caso das qualidades morais, como a coragem: para alguns, a coragem é uma capacidade que se tem ou não se tem; como dizia dom Abbondio, "ninguém se pode dar a coragem!"; para outros, ao contrário, é uma qualidade que deve ser exercitada, e, sendo assim, pode ser adquirida ou reforçada com empenho.

Quando uma falência é atribuída à falta de empenho, as reações emotivas características são, compreensivelmente, a queixa e o sentimento de culpa: isto é, a pessoa costuma se censurar, porque poderia ter conseguido um resultado melhor somente com um pequeno esforço a mais. Por outro lado, as expectativas futuras sobre o próprio rendimento em contextos semelhantes tendem a ser otimistas: bastará ser mais voluntarioso, menos preguiçoso, distraído ou indolente para obter o sucesso desejado. Colocando em prática esses propósitos e, portanto, empenhando-se mais, a pessoa, em geral, aumenta suas probabilidades de sucesso. Em outras palavras, seus cuidados posteriores melhoram. Realmente, ficando no âmbito da aprendizagem, já está amplamente demonstrado que os estudantes que atribuem seus insucessos à falta de empenho tendem a ser mais motivados e persistentes, e conseguem, rapidamente, resultados melhores.

Quando uma falência é atribuída a capacidades imodificáveis, as reações emotivas são a sensação de impotência, a desconfiança e a depressão. A pessoa não se repreende pelo insucesso porque não se julga responsável por ele, mas costuma se lamentar. As expectativas futuras sobre o próprio rendimento em deveres análogos só podem ser pessimistas: de fato, se a causa está em alguma incapacidade considerada irreversível, não há nada a fazer. E se não há nada a fazer, a motivação e o empenho costumam diminuir, tornando cada vez mais provável a repetição da falência, ou melhor, a progressiva piora dos próprios cuidados.

Entre as causas externas, as permanentes e imodificáveis estão relacionadas com o grau de dificuldade objetiva de atingir o propósito em questão, enquanto as contingentes fazem parte da classe geral dos fatores casuais ou acidentais. Tomemos como exemplo a competição de um atleta: uma causa externa relativamente permanente à qual um saltador pode atribuir seu insucesso é a extrema altura do salto (que será tão mais plausível quanto mais o salto for inacessível à maioria dos outros atletas); uma causa externa contingente poderá ser, ao contrário, o azar de ter de saltar com um vento forte contrário.

Quando a falência é atribuída a fatos acidentais, as reações normais são o desapontamento e a surpresa. Obviamente, as expectativas futuras não estão comprometidas: nosso atleta poderá serenamente esperar um melhor desempenho em condições menos desfavoráveis (a menos que não traduza a desventura ocasional em um traço estável e interno, isto é, não pense que é constitucionalmente "infeliz"). E, se suas expectativas forem razoavelmente positivas, manterá inalterado o empenho nas competições futuras, criando condições melhores para obter o sucesso desejado.

Se a falência for atribuída à dificuldade da tarefa, é plausível esperarem-se, de alguma forma, as reações emotivas que tipicamente acompanham as atribuições a causas imodificáveis: desconfiança, sensação de impotência, depressão, que serão tão maiores quanto mais importantes forem os objetivos nos quais se fracassou. As expectativas de resultados futuros tenderão a ser pessimistas, e também a motivação e o empenho talvez se reduzam, tornando ainda mais improvável um sucesso considerado já tão difícil. O todo, porém, é atenuado pelo fato de que o objetivo é praticamente irrealizável: nenhum outro está em condições de satisfazê-lo, ou ainda menos, poucos outros privilegiados ou superdotados conseguem.

É preciso observar, no entanto, que as causas externas, embora estejam fora do controle da pessoa, não são necessariamente incontroláveis em sentido absoluto: quando, entre os elementos causadores, entram em cena outras pessoas e o comportamento delas, o indivíduo pode considerar uma causa incontrolável da sua parte, mas controlável e modificável por parte dos outros. Voltemos ao exemplo da nota baixa no trabalho em sala de aula, e suponhamos que o aluno atribua seu insucesso à hostilidade do professor nos seus relacionamentos, mais que à dificuldade objetiva do trabalho. Trata-se de duas causas externas relativamente estáveis, mas pode-se esperar reações diversas por parte do aluno, porque a primeira (pelo menos na sua percepção) é também controlável, não por ele mesmo, mas pelo professor, que, se procurasse ser mais equânime e objetivo, tornaria evitável seu insucesso. Na realidade, nos casos em que as causas externas dos nossos insucessos (ou sucessos) incluem o comportamento intencional de outras pessoas, seremos levados a atribuir a elas a *responsabilidade* por esses insucessos. E nossas reações dependerão desse tipo de atribuição: raiva, hostilidade, desejo de revide. Nossas expectativas poderão assumir um aspecto de "paranóia", atentos como estaremos para identificar os sinais mais imperceptíveis da hostilidade dos outros e para interpretar negativamente até os comportamentos mais inocentes. E, se nos persuadíssemos de que os outros têm alguma coisa contra nós e "remam contra" nós, também o nosso comportamento seria influenciado por isso: conforme as circunstâncias e as inclinações pessoais, seremos orientados para um ressentimento e resistência passivos (fechamento e rejeição) ou, ainda, para um comportamento ativamente agressivo, competitivo e obstrutivo.

Neste ponto, podemos voltar à solidão, e transferir tudo o que acabamos de dizer sobre as falências no campo prático ou intelectual às falências no campo relacional. Também nesses casos, de fato, costumamos nos interrogar sobre as causas e fazer atribuições relativas aos parâmetros interno/externo e contingente/permanente. E podemos fazer atribuições diversas sobre insucessos semelhantes. Se, por exemplo, formos a uma festa e ficarmos parados no "nosso canto", poderemos dar-nos inumeráveis explicações: não usamos a "tática" adequada para aproximar as pessoas, ou não tentamos o suficiente, ou não estávamos bem humorados (todas atribuições internas e contingentes); somos pessoas muito suscetíveis, desajeitadas e tímidas, sobretudo com os estranhos, ou não somos suficientemente atraentes, exuberantes, interessantes (atribuições internas e permanentes). Os outros sempre formam grupos com as pessoas que já conhecem e não se preocupam em integrar os recém-chegados (externa e permanente); ou, ainda, chegamos por acaso e infelizmente num grupo de esnobes que fez de tudo para nos ignorar (externa e contingente); e assim por diante.

As explicações que damos sobre os nossos insucessos relacionais, e, portanto, nosso sentimento de solidão, são, como acontecia com as falências intelectuais ou práticas, cheias de conseqüências: nossas reações emotivas, nossas expectativas futuras e as probabilidades objetivas de superar ou atenuar nossa solidão dependem, em boa parte, dessas explicações.

Quando atribuída a causas externas, como a agressividade e a rejeição por parte dos outros, a solidão desperta sentimentos de raiva e hostilidade, expectativas e comportamentos conseqüentes. No caso de atribuições internas e contingentes, como a falta de dedicação, o sentimento de solidão desperta sentimentos de culpa e reprovação de si mesmo e orienta, em geral, para a busca de contatos e para a tentativa de se tornar mais agradável, cativante e disponível, cuidando da própria aparência, propondo colaborações, oferecendo a própria ajuda. No caso de atribuições internas e permanentes, como a falta de capacidade (inteligência, beleza, características de personalidade), a solidão está mais fortemente ligada à depressão, sensação de impotência e desconfiança, e favorece a apatia, a renúncia e o fechamento em si mesmo.

No capítulo II, perguntamo-nos, injustamente, como o sentimento de solidão poderia apresentar "sintomas" tão diversos, até opostos, e especialmente como podiam coexistir uma face *ativa* e *passiva* da solidão: por um lado, a solidão como "mola" para a socialização, como força motivadora para a busca de contatos e de integração social; por outro lado, a solidão como paralisia de toda iniciativa e como renúncia, mais ou menos resignada ou hostil, no contato com os outros. Temos, finalmente, uma resposta para essa pergunta: as duas "almas" da solidão nascem das explicações e interpretações que damos dos nossos insucessos relacionais. É muito plausível, de fato, que a solidão sirva de mola para a socialização quando é atribuída a causas internas e contingentes, e, desse modo, controláveis; e que leve, ao contrário, a disposições depressivas e à renúncia a todo esforço quando atribuída a causas permanentes, e, por isso, incontroláveis e imodificáveis.

Talvez seja oportuno observar que o quadro que acabamos de ilustrar das relações entre atribuições, expectativas e comportamentos é, por força das coisas, muito simplificado. Podemos, na realidade, encontrar relacionamentos muito mais complexos e intrincados entre esses componentes. Não é raro que, diante de um insucesso (ou sucesso), sejam feitas *múltiplas* atribuições (tanto internas como externas, tanto permanentes como contingentes), e que as expectativas e os comportamentos conseqüentes se ressintam de maneiras diversas dessas várias atribuições. Suponhamos o caso de uma pessoa que sofra pela ausência de amigos e atribua explicitamente essa sua falência relacional à própria falta de dedicação. Mas suponhamos, também, que junto com uma atribuição desse tipo haja um forte medo de ser rejeitado. Esse medo atraiçoa a presença de outras atribuições, mais ou menos tácitas ou inconscientes. O medo da rejeição, de fato, é um sinal de atribuição da falência a causas permanentes, tanto externas (a hostilidade, o egoísmo, a indiferença dos outros) como internas (a incapacidade de se tornar agradável, amado, estimado, a despeito de todo esforço pessoal). Qual será a conseqüência dessa mistura de atribuições? A pessoa, muito provavelmente, terá muito trabalho para buscar contatos e fazer amizades, mas o fará de *modo inadequado*: será muito frenética, ansiosa, na contínua busca de demonstrações de amizade que possam anular seus temores; ou muito dependente ou servil na tentativa de granjear a simpatia dos outros; ou fará exigências e ofertas excessivas, ou muito precoces, de intimidade e de compromisso nas relações. E o resultado, infelizmente, corre o risco de ser o que se teme: os outros mostrarão enfado ou desconfiança diante de um modo de fazer tão ansioso e "pegajoso", e tenderão a se manter a distância.

Estas reflexões nos permitem dar uma última definição importante sobre as faces *ativa* e *passiva* da solidão: *ativo* e *passivo* não correspondem, necessariamente, a *bom* e *mau*. Especialmente, não é preciso pretender que, quando o sentimento de solidão impele para a socialização e para a integração social, o faça sempre eficaz e otimizadamente. A motivação e a dedicação são requisitos necessários para o "sucesso" em qualquer contexto. Mas podem não ser suficientes: uma dedicação acompanhada pela ansiedade de incorrer em falência revela-se, muitas vezes, ineficaz ou até contraproducente: é muito trabalhosa, sem concentração e método, porque a atenção da pessoa está voltada mais para os próprios medos do que para o objetivo a ser atingido, para os meios e estratégias necessários para consegui-lo.

CAPÍTULO V
SOLIDÃO, BAIXA AUTO-ESTIMA E DEPRESSÃO: ESTRADAS DE MÃO DUPLA?

A baixa auto-estima é um problema central e recorrente para quem se sente só. É tão freqüente que é considerada por alguns uma parte constitutiva do sentimento de solidão. Em todo caso, o elemento da auto-avaliação, quando está presente, concorre para tornar a solidão muito mais grave e dolorosa. Karen Horney, uma grande psicóloga clínica do início do século passado, observou que o sentimento de solidão, ou, como ela chamava, o isolamento emotivo, "é difícil de ser suportado por qualquer um, mas torna-se uma calamidade quando coincide com preocupações e incertezas sobre si".

A pessoa que se sente estranha, afastada ou excluída pelos outros costuma pensar que é diferente deles, e ver nesta diversidade sinais de qualidades negativas, muitas vezes de inadequação e incompetência: isto é, pensa que não é capaz de partilhar interesses ou atividades com os outros; que não consegue sentir-se parte de um grupo ou que não sabe se adaptar às diversas situações e aos diversos ambientes. Se não tem amizades satisfatórias, considera que não sabe criá-las ou mantê-las, porque é pouco interessante, pouco inteligente ou pouco atraente. Se não se sente amada, acha que não merece as atenções e os cuidados preferenciais de uma pessoa querida. Enfim, de um modo ou de outro, a convicção ou o medo que muitas vezes atormenta quem sofre de solidão é que haja algo que "não vai" nele (ou nela); que não agrada, não é procurado, estimado ou amado porque não é agradável, preferível, estimável ou amável. Avalia-se, portanto, negativamente, pelo menos em relação à gama de qualidades e características que considera necessária para criar ou manter relações satisfatórias. Do confronto com os outros — um confronto que, como sabemos, é muitas vezes pouco cuidadoso e objetivo — traz a convicção de ser inferior a eles. O desabafo dessa moça de 23 anos, que padece da falta de relação sentimental, mostra claramente a ligação entre o sentimento de solidão e a baixa auto-estima, como também o papel exercido pelo relacionamento social:

> Não consigo ter uma vida normal. Choro quase todos os dias. Meu choro é de dor, tão intenso que se torna físico. [...] Meu maior tormento é ser a única entre todas as pessoas que conheço que não encontrou o amor. [...] Há alguns anos eu era gorda, agora não, emagreci e, por aquilo que me dizem, sou também muito bonita. Mas, apesar disso, ninguém se enamora de mim. [...] Tenho medo de encontrar as pessoas que não vejo há muito tempo [...] iriam me perguntar se tenho algum namorado, e tenho vergonha de dizer que ainda não tenho ninguém... tenho tanta vergonha porque considero isso um insucesso meu. Agrado a muitos, tive histórias, mas ninguém me amou: estavam somente atraídos por mim. Não tenho valor? Tenho somente aparência física? Sou, talvez, idiota ou pouco interessante? Sinto-me tão só que às vezes tenho a sensação de enlouquecer... Não vejo o caminho de saída e sou levada a pensar que será sempre assim. Na rua, olho as outras mulheres, para ver se têm a mágica na ponta dos dedos, especialmente quando se trata de mulheres gordas ou feias [...] e penso: "ela tem um homem que a ama e eu não". Quando vejo uma mulher com uma criança nos braços tenho vontade de chorar porque "eu nunca vou tê-la". Vivo esta situação, todos os dias, há vários anos. Penso na morte e imagino como poderia ir-me daqui.

Também a depressão se acha muitas vezes associada tanto à solidão como à baixa auto-estima. De fato, como já se pode notar pelo exemplo anterior, basta não ver um caminho de saída dos próprios problemas e "pensar que será sempre assim" para lançar as bases a um estado depressivo de alguma importância. A desconfiança, a sensação de impotência e desespero, tanto mais agudos quanto mais a situação é vivida como intolerável, favorecem o pessimismo e a falta de motivação generalizados: a vida parece sem sentido ou sem valor; perde-se o interesse por qualquer coisa; percebe-se um cansaço profundo e insuportável:

> Tenho medo de estar ficando louca, nada mais é como antes. Há onze dias não saio de casa e qualquer tarefa minúscula me parece impossível. Não me lavo mais e tudo é motivo de sofrimento. Cada vez que acontece uma pequena coisa no âmbito familiar começo a gritar e a chorar. Não faço mais amor [...] fecho-me em mim mesma. Sofro de dor de cabeça e, de comilona que era [...], alimento-me pouco e mal. Sinto que não tenho mais confiança em quem está ao meu lado, não tenho amigos nem amigas e minha vida social é nula. Vivo numa casa muito pequena, da qual não consigo cuidar, com três filhos de 20, 16 e dois anos, que gostaria de eliminar porque me dão aflição, mas quando formulo esse pensamento brota o sentimento de culpa e fico ainda pior. Confio pouco em meu companheiro porque muitas vezes me contou mentiras para não me ferir. Com ele é também impossível falar, porque tem um temperamento muito fechado. Sinto-me muito cansada e tenho vontade de não fazer nada.

Realmente, em muitas pessoas a depressão, a baixa auto-estima e a solidão aparecem tão inextricavelmente unidas que sugerem a hipótese de se tratar de uma única "síndrome". No entanto, é possível identificar áreas nas quais os três fenômenos não se superpõem necessariamente. Além disso, as relações causais entre elas são bem complexas e, muitas vezes, recíprocas. Exploremos antes o intrincado relacionamento entre solidão e baixa auto-estima, para depois passar para a relação com a depressão.

1. Da baixa auto-estima à solidão

Uma auto-estima baixa pode causar ou favorecer o sentimento de solidão de várias maneiras. Antes de tudo, existe um tipo de solidão, muito próxima da que chamamos "existencial", que gira em torno de problemas de identidade e de auto-avaliação: trata-se da solidão como sentimento de inautenticidade e de "estranhamento" de si, dos próprios sentimentos, ideais e valores, da própria natureza mais verdadeira e profunda.

1.1. Baixa auto-estima e estranhamento de si próprio

Pensemos, por exemplo, em quem sofre porque não consegue realizar o próprio eu ideal, isto é, não consegue ser como gostaria, correspondendo aos próprios valores e às próprias aspirações. Essa pessoa, vendo-se diferente de como desejaria ser, fará, sem mais, avaliações negativas sobre si mesma. Mas, quando representa o próprio eu ideal, bem como a própria natureza mais autêntica — como aquelas potencialidades que traiu nos fatos —, a pessoa experimentará também uma forma de auto-alienação: seu mal-estar não consistirá somente no sentimento de frustração e de falência de quem não se agrada, mas também no sentimento de inautenticidade e estranheza de quem *não se reconhece*, porque procura a si mesmo (aquele "si mesmo" ideal que gostaria de ser) e encontra um estranho.

Não é somente a discrepância entre o eu ideal e o eu real que cria este sentimento de auto-estranhamento. Talvez ainda mais típica seja a discrepância entre o eu real e o "eu reflexo", isto é, a diferença entre como a pessoa se percebe e se avalia e como os outros a representam: "Eu não sou como os outros me vêem". Se não sou como os outros me vêem, não me sinto compreendido. Poderei pensar que isto acontece por incapacidade minha (*não consigo* fazer-me entender, porque sou muito inibido, tímido, confuso, contraditório), ou ainda por minha culpa: apresento aos outros uma imagem falsa de mim e, portanto, ainda uma vez, atraiçôo o meu "eu verdadeiro", por uma necessidade de "fachada" ou de conformismo e aceitação social. Em todo caso, irei avaliar-me negativamente e experimentarei também um sentimento de desorientação sobre a minha identidade, alimentado por aquelas dúvidas, freqüentemente angustiosas, que caracterizam especialmente a adolescência: *quem sou eu realmente*, além dos meus papéis sociais e das "faces" relativas que apresento aos outros? Não raro estas perguntas chegam de improviso, num momento de inatividade temporária, no qual se calam as exigências do mundo exterior e nos encontramos sós, com nós mesmos. Num certo sentido, é justamente porque se entra em contato consigo mesmo, isto é, com aquele núcleo autêntico e não expresso ao exterior, que a crise existencial ganha terreno. Como conta um rapaz assaltado subitamente por estas perguntas, "de certa forma foi como se tivesse me percebido... como se tivesse aberto os olhos depois de um longo sono". Tudo isso, ainda uma vez, implica sentimento de solidão: se, na realidade, sou diferente do que pareço ser, meus relacionamentos com os outros não são autênticos: eles entram em relação com alguém que não sou eu; são amigos de outra pessoa; amam, querem bem, convivem com alguém que, na realidade, não existe; portanto, estou só.

1.2. Baixa auto-estima e relacionamentos sociais insatisfatórios

Mas há um outro modo pelo qual a baixa auto-estima pode induzir ao sentimento de solidão: favorecer uma série de disposições, atitudes e comportamentos que impedem ou comprometem as relações sociais satisfatórias. Jack Paar, um grande homem de espetáculo norte-americano (idealizador, entre outras coisas, do *talk show*), disse: "Repensando o passado, toda a minha vida parece uma longa corrida de obstáculos, na qual eu represento o obstáculo principal". De fato, muito freqüentemente, as insatisfações afetivas e sociais da pessoa que se sente só referem-se, direta ou indiretamente, a barreiras que a própria pessoa "cria" ao entrar em relação com os outros, sendo a principal delas aquilo que a pessoa pensa de si mesma: como se avalia, qual impressão *acredita* causar sobre os outros, quais reações pensa despertar, quais gratificações espera receber.

Para explorar a relação entre baixa auto-estima e relações sociais insatisfatórias (e conseqüente sentimento de solidão), devemos voltar a examinar o papel exercido neste relacionamento pela incompetência social. Poder-se-ia, realmente, supor, como alguns sugerem, que a baixa auto-estima e a solidão estejam somente *associadas* entre si, mas sem uma relação de causa e efeito. E a causa de ambas poderia residir exatamente na incompetência social, que (como mostra a Figura 1) levaria *separadamente* tanto a avaliações negativas como a relações sociais insatisfatórias.

Enfim, se a pessoa carece daquelas habilidades que permitem um comportamento social adequado (saber tomar a iniciativa nas interações, mostrar aos outros interesse, consideração, participação emotiva, oferecer ajuda e colaboração, honrar os compromissos, "revelar-se" nos contextos apropriados e com os destinatários adequados), é provável que registre insucessos nas próprias relações sociais. Esses insucessos a levarão, por um lado, a avaliar-se negativamente e, por outro, a sentir-se insatisfeita com a quantidade ou a qualidade dos próprios relacionamentos. A pessoa, portanto, terá uma auto-estima baixa (pelo menos no que diz respeito às próprias habilidades sociais) e se sentirá também só. Mas baixa auto-estima e solidão estarão associadas somente enquanto efeitos distintos de uma única e verdadeira causa; duas irmãs geradas da mesma mãe: a incompetência social.

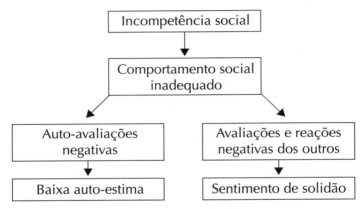

Fig. 1. A incompetência social como causa de baixa auto-estima e solidão.

Uma hipótese do gênero é sempre plausível. Realmente, são possíveis casos nos quais a falta de qualidades e habilidades úteis para iniciar ou conservar relações sociais induz, por um lado, à baixa estima e, por outro, a reações sociais negativas e, portanto, à solidão. No entanto, como já observamos (cf. Cap. III), fica o fato de que em muitos casos a baixa auto-estima não parece ser um simples *reflexo* das incapacidades-base. Afinal, nem sempre a baixa auto-estima depende de e corresponde a uma incompetência efetiva. Particularmente, não se afirma que o comportamento da pessoa só e com auto-estima baixa resulte particularmente inadequado na realidade dos fatos e desperte reações negativas nos outros: os "sós", como vamos recordar, não são necessariamente julgados socialmente incompetentes pelas pessoas com as quais interagem: *são eles que se julgam incompetentes*. Como Thoreau observou: "A opinião pública é um tirano muito fraco comparada com a nossa opinião pessoal. O que determina a realidade de um homem é a opinião que ele tem de si mesmo".

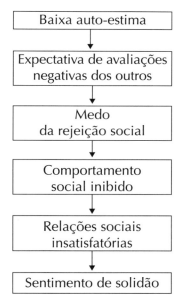

Fig. 2. A baixa auto-estima como causa de inibição social e, portanto, de solidão.

Se (e quando) as coisas estão assim, volta prepotentemente em campo a baixa auto-estima não como irmã, mas como *geradora* dos problemas de solidão. Uma baixa auto-estima induz, na verdade, a um comportamento social inibido, que, por sua vez, favorece a solidão. Quando me avalio negativamente, considerando-me pouco desejável ou agradável, e tendo a esperar que também os outros me considerem do mesmo modo; terei, portanto, medo de não ser bem aceito ou de ser rejeitado. Serei extremamente sensível às críticas, suspeitando que representem confirmações da minha inadequação, e evitarei ao máximo expor-me ao juízo alheio com comportamentos que se afastam da norma ou do costume.

Esses temores me levarão a fazer tentativas muito raras e tímidas de me socializar, a "revelar-me" pouco e a ficar em níveis superficiais de relacionamento. Daí, as relações sociais insatisfatórias e o sentimento de solidão (cf. Figura 2).

O desabafo deste homem de 37 anos nos oferece um exemplo emblemático do processo que leva da baixa auto-estima à solidão, com a mediação de um comportamento socialmente inibido:

> Desde pequeno fui sempre condicionado por uma timidez tão forte que me impedia de fazer um círculo de amizades... A pouca estima por mim mesmo... e por minha aparência estética... junto com o medo de ser rejeitado ou zombado, sempre me impediram de estabelecer (ou mesmo tentar) um relacionamento amoroso com uma mulher. A única vez em que, muito timidamente, arrisquei um convite a uma moça de quem eu gostava a ponto de enlouquecer, depois de ter vencido toda minha possível inibição com esforços inenarráveis, fiquei gelado com seu *não* instantâneo (esse episódio remonta há doze anos!). Agora estou sozinho, sem amigos e, sobretudo, sem o amor que somente uma mulher pode dar... De noite, em vez de sair, fico em casa (aliás, não saberia aonde ir sozinho... quem sabe faria também a figura do "anônimo na multidão") e isso, sobretudo nos dias de festa, me massacra psicologicamente. Já há anos procuro encontrar uma solução razoável para esse meu problema, mas, logo que começo a pensar em como abordar uma mulher que me agrada (tendo de agir sozinho, longe de uma companhia), sou invadido pelo pânico e pela angústia de ter passado do tempo-limite. Quando, depois, também na hipótese improvável de que consiga conhecer alguma mulher, penso em minha total inexperiência sexual, e a imagem da figura ridícula que faria com minha companheira me atira no desespero mais completo.

Finalmente, a baixa auto-estima pode causar solidão também sem a mediação de um comportamento socialmente inibido ou inadequado. Para quem tem problemas de auto-estima é fácil interpretar cada acontecimento de modo distorcido em sentido autodepreciativo. Se a situação é ambígua, no sentido de que os dados à disposição são insuficientes para se chegar a um juízo certo sobre o sucesso do próprio comportamento, a baixa auto-estima inicial orientará a pessoa para uma interpretação negativa. Mas isto pode acontecer também em circunstâncias menos plausíveis, nas quais a pessoa exibe um comportamento social adequado, e, de fato, desperta a estima, a consideração e o afeto dos outros: com tudo isso, a pessoa pode ficar desconsoladamente persuadida de haver causado má impressão, de não ser suficientemente agradável, apreciada ou amada, e, portanto, de não conseguir ter relacionamentos satisfatórios com os outros. Afinal, como mostra a Figura 3, a pessoa com baixa auto-estima costuma fazer uma leitura *falimentar* a cada "compromisso" seu, e, então, no contexto social, pode ver falências relacionais também em encontros, contatos e relacionamentos onde não há qualquer insucesso. Como sabemos, não são os insucessos, de fato, mas os percebidos como tais (com ou sem razão) que vão causar sofrimento, e, no nosso contexto, sentimento de solidão. Naturalmente, dada a baixa auto-estima, a falência relacional será atribuída a causas internas, e, muito provavelmente, também permanentes. Uma falência relacionada com causas desse tipo produz o sofrimento mais atroz: não há dor maior do que aquela que depende de mim e não tem remédio; e não há solidão mais profunda e inapelável do que essa.

Fig. 3. A baixa auto-estima como causa de percepção de falência relacional e, portanto, de solidão.

2. Da solidão à baixa auto-estima

Vimos que a baixa auto-estima leva, de várias maneiras, a relações sociais insatisfatórias e, portanto, a experimentar solidão. Resta compreender se é este o único relacionamento causal possível entre as duas, ou se, ao contrário, acontece também o inverso, isto é, se a solidão pode exercer o papel de causa da baixa auto-estima. Devemos, por isso, partir das condições de solidão e explorar seus efeitos sobre a auto-estima da pessoa. Alguém poderia observar que a solidão com a qual nos preocupamos seria, por sua vez, causada por uma auto-estima baixa. Isto, certamente, é possível; mas a coisa não nos interessa no momento: interessa-nos, ao contrário, ver o que acontece *depois* que a pessoa passou por problemas de solidão. Em outros termos, a pergunta que nos colocamos é: o sentimento de solidão produz uma *redução* da auto-estima (qualquer que seja seu nível-base)?

A resposta a esta pergunta é: *depende*. Quer dizer, nem sempre e não necessariamente a solidão causa baixa auto-estima. E a razão já conhecemos: se é verdade que a solidão é vivida como uma falência relacional, é também real que nem toda falência nos leva a ter avaliações negativas sobre nós mesmos. Tudo depende das causas às quais nos referimos.

As pesquisas de psicologia social que exploraram o impacto da solidão sobre a auto-estima mostram que esta última sofre um contragolpe somente quando a solidão é atribuída a causas *internas*, porque somente quando a pessoa considera que a falência depende dela será induzida a avaliar-se negativamente. Além disso, o tipo de auto-avaliação negativa varia conforme a atribuição interna se refira à ausência de empenho (causa interna e contingente) ou à falta de capacidade (causa interna e permanente): no primeiro caso, de fato, é a área moral da auto-estima que está implicada (as auto-avaliações negativas serão de egoísmo, desempenho, irresponsabilidade, desonestidade); no segundo caso, ao contrário, é a área da "competência" (da inteligência aos dotes estéticos e de caráter) que deve ser investida, e a pessoa, julgando-se incapaz de intervir sobre a causa, não se considerará culpável, mas vítima das próprias inadequações.

Esses resultados permitem fazer uma observação importante: se podemos nos sentir sós sem sofrer uma diminuição da auto-estima, identificamos uma área na qual os dois fenômenos permanecem distintos. A solidão não forma, portanto, necessariamente, um corpo único com a baixa auto-estima.

Isto, no entanto, não quer dizer que algumas falências relacionais traumáticas, como as traições, os divórcios ou os abandonos, *não orientem* para atribuições internas e, portanto, facilitem, muito provavelmente, a diminuição da auto-estima. A pessoa, no esforço de encontrar uma explicação para o insucesso, é, geralmente, invadida por dúvidas profundas sobre si, sobre os erros cometidos no relacionamento com o outro, sobre as próprias falhas ou carências.

Nesse contexto, encontramos uma diferença significativa entre viúvos e divorciados (ou separados) que evidencia a importância do papel exercido pelas atribuições causais. Tanto viúvos como divorciados sofrem, sem dúvida, pela perda afetiva, e sua solidão está entre as mais profundas e graves. Mas a solidão dos divorciados está mais fortemente associada à diminuição da auto-estima. Com certeza, não se pode excluir que também a separação causada pela morte da pessoa querida incida negativamente sobre as auto-avaliações de quem fica "só": da mesma forma a auto-estima de um viúvo pode sofrer contragolpes, porque a perda da companheira comporta tanto uma redefinição difícil do próprio papel na família, entre os amigos e na sociedade, como saudades freqüentes ou remorsos que incluem juízos negativos sobre as próprias ações ou omissões, atitudes e sentimentos que, direta ou indiretamente, poderiam ter tornado infeliz a pessoa querida ou ter contribuído para favorecer a sua morte (cf. Cap. III). Fica, no entanto, o fato fundamental de que, em caso de morte, a perda do relacionamento não é, em geral, conseqüência de uma escolha, o que acontece no caso do divórcio. O divórcio é uma "ruptura" voluntária, muitas vezes precedida e acompanhada de conflitos, acusações e repreensões recíprocas, que levam inevitavelmente a campo as responsabilidades das pessoas envolvidas, como também suas qualidades e disposições de caráter. É compreensível, portanto, que, ao questionar as causas da ruptura, a pessoa se refira facilmente às próprias culpas ou inadequações (presumidas ou reais), e sofra uma redução da auto-estima.

Já notamos que mesmo os filhos de divorciados e os órfãos são predispostos a sofrer de solidão. Sabemos que a perda do pai ou da mãe é um acontecimento traumático que incide profundamente sobre o comportamento e a personalidade infantil, e pode ter repercussões até na idade adulta. Mas não sublinhamos ainda uma diferença interessante entre os dois grupos, análoga à diferença entre divorciados e viúvos: os filhos de divorciados costumam ter uma auto-estima mais baixa se comparados com os órfãos. Muitas divergências entre os dois tipos de perda podem explicar este resultado. Em primeiro lugar, embora também os órfãos possam se considerar "responsáveis" pela perda dos genitores (especialmente quando sofrem a perda em idade muito precoce), os filhos de divorciados têm, em geral, à disposição muito mais argumentos sustentando uma explicação de auto-responsabilidade, como "Ele me deixou porque eu fui muito ruim, ou porque não sou bastante esperto e bom": mais uma vez, a diferença entre ação voluntária e fato acidental (como uma doença ou uma desgraça) faz sentir suas conseqüências. Além disso, é preciso ter presente aquilo que geralmente acontece antes e depois do divórcio. Os conflitos que o precedem podem não somente trazer ansiedade para a criança, mas também fazê-la experimentar uma grande sensação de impotência, se, como é natural, esperar uma reconciliação ou até fizer tentativas para facilitá-la; o insucesso dessas tentativas a levará a concluir que não é capaz de unir a família, porque não é suficientemente importante para os pais ou porque os decepciona ou os contraria com seu comportamento. Uma vez acontecido o divórcio, outras "falências" podem favorecer atribuições internas, e muitas vezes permanentes; por exemplo, a dificuldade ou a raridade dos encontros com o genitor que deixou a casa pode ser vista pela criança como um sinal do próprio pouco valor; de outro lado, os encontros podem suscitar novas esperanças de reconciliação familiar, e cada vez que estas esperanças são frustradas, a criança volta a se sentir impotente e a se avaliar negativamente. Enfim, a repetição dessas experiências pode reforçar e "consolidar" sua auto-estima baixa.

3. Solidão e depressão

A depressão é um estado mental caracterizado por certa negatividade difusa e global, um sentimento profundo de insatisfação, tristeza, desespero, desconfiança e, freqüentemente, baixa auto-estima. Não são raros alguns sintomas físicos, como a inapetência ou a astenia, e problemas de concentração e de memória. O depressivo se sente sem energia, física e psíquica, sem motivação e interesses: não parece haver alguma coisa que realmente valha a pena fazer, nada que cause prazer ou desperte sua atenção e curiosidade; às vezes, a dificuldade em encontrar sentido e valor nas várias esferas de interesse da vida pode provocar nele impaciência e hostilidade, mais que apatia e indiferença. Estados de alma do gênero não são desconhecidos de muitos de nós: de vez em quando, e de alguma forma, a maioria das pessoas se sente "deprimida", especialmente se foi ferida por alguma desgraça, desilusão ou insucesso que "desencadeou" a reação negativa. O que diferencia a depressão patológica é a permanência e a intensidade dos sintomas, e o fato de que a negatividade de base é desproporcionada em relação aos acontecimentos que podem tê-la desencadeado.

Solidão e depressão apresentam vários pontos de contato. Apenas para começar, muitas pessoas que se sentem sós são também depressivas, e vice-versa. Além disso, os depressivos freqüentemente partilham com os "sós" algum problema de inadequação ou incompetência social, e, sobretudo, uma disposição pessimista e desencorajada, ou até cética, nos relacionamentos com os outros, em sua disponibilidade nos próprios contatos e no valor das relações sociais. Enfim, os depressivos, como os "sós", costumam avaliar-se negativamente, e por isso, também nesse caso, a baixa auto-estima não é um componente estritamente necessário. Com efeito, aquilo que parece caracterizar o estado depressivo é, sobretudo, a presença de atribuições *permanentes* para os próprios insucessos de qualquer natureza, com a conseqüente convicção de que o insucesso é definitivo, dado que suas causas são imodificáveis, e a infalível falta de confiança ou desespero que o acompanham. Além de permanentes, as atribuições costumam ser globais, isto é, costumam generalizar-se pelos insucessos específicos sofridos, até infestar praticamente qualquer âmbito ou circunstância. Portanto, embora nos fatos entendidos freqüentemente as atribuições do deprimido sejam também *internas* — envolvendo assim a auto-estima —, em princípio, bastam atribuições permanentes e globais *externas* (um mundo hostil, circunstâncias adversas consideradas imodificáveis) para levar à depressão.

Não obstante os pontos de contato entre depressão e solidão, *nem todas as pessoas que se sentem sós são deprimidas*. Algumas formas de solidão, como já observamos, estão associadas à ansiedade, à raiva e ao desejo de vingança, mais que à depressão. Mais uma vez, as atribuições causais fazem a diferença: a solidão "deprimida" é aquela que se refere, em geral, a causas permanentes (e muitas vezes até internas). Com certeza, é quando a solidão se torna persistente e com tendência a tornar-se crônica que geralmente chega, também, a depressão.

A depressão é um fenômeno mais geral que a solidão: sua negatividade difusa pode atacar uma variedade de domínios: no trabalho, na escola, na saúde, nas relações sociais. A solidão, ao contrário, está circunscrita a problemas na área relacional. Dessas observações poder-se-ia, então, concluir que os deprimidos devam sofrer também de solidão. Isto é, enquanto nem todos os "sós" são necessariamente deprimidos, todos os deprimidos deveriam, de alguma forma, se sentir sós. Mas nem mesmo isto é sempre verdade: existem casos de depressão que ficam confinados em domínios não-sociais (por exemplo, o mundo do trabalho e dos insucessos profissionais). Nestes casos, a área dos relacionamentos sociais é uma ilha feliz, porque o deprimido sente que recebe apoio e conforto das relações afetivas e de amizade: portanto, *não se sente só*.

Há, então, "sozinhos" não deprimidos, como também deprimidos não "sós", e este dado é importante, não apenas para fins puramente cognitivos, mas ainda em virtude de possíveis intervenções e tratamentos. Para dar um exemplo, a solidão "deprimida" pode exigir um tipo de intervenção muito mais global, que não se limite a explorar a área dos relacionamentos sociais; além disso, sendo ela muito mais facilmente associada a pensamentos e tentativas de suicídio, é particularmente importante identificá-la, para estar em condições de prevenir tal espécie de risco.

3.1. Depressão e solidão: outra estrada de mão dupla

Embora não se sobreponham completamente, a depressão e a solidão podem facilitar-se e induzir-se reciprocamente. Também aqui é importante compreender quais são os "caminhos" que levam de uma a outra. O que faz com que um "sozinho" não deprimido se torne também deprimido e, vice-versa, que um deprimido não "sozinho" comece a sofrer de solidão?

Como já mencionamos, o caminho da solidão para a depressão pode ser marcado por uma condição prolongada de solidão. Quando, apesar dos esforços da pessoa, o sentimento de solidão persiste, começam a aflorar pensamentos de inevitabilidade e inadequação, e sentimentos de falta de confiança ou de desespero, que, por sua vez, favorecem uma negatividade generalizada. Além disso, este estado de alma, tão sem motivação, orienta para a renúncia: as tentativas de superar a solidão tornam-se cada vez mais incertas e escassas, até serem abandonadas. A solidão torna-se uma condição permanente, e a convicção de sua inevitabilidade não pode senão ser reforçada.

E o que induz um deprimido que não sofria inicialmente de solidão a apresentar também este problema? Uma possibilidade é que o estado depressivo favoreça um comportamento social que impeça ou desencoraje a interação dos outros com ele. O deprimido, concentrado como está sobre seus problemas e sua negatividade, é, em geral, uma pessoa difícil de tratar: sua pouca vitalidade, sua reduzida ou nenhuma atenção para com os outros, sua desconfortável resistência às tentativas de "levantá-lo" são elementos que impõem modalidades de interação nada gratificantes. Não é de surpreender, portanto, que mesmo as pessoas mais queridas possam começar a evitar ou reduzir os contatos. Por outro lado, alguns estudos recentes revelam que os deprimidos não despertam necessariamente reações negativas nos outros, mas são eles que manifestam uma atitude hostil ou que deve ser evitada (justamente como acontece no caso de muitos "sozinhos"). Uma outra possibilidade, que parece ainda mais convincente à luz desses estudos, é que a insatisfação básica do deprimido "não-só", a longo prazo, infeste também a área dos relacionamentos sociais que antes tinha ficado "imune", orientando-o, de um lado, a expectativas negativas nos relacionamentos com os outros e, por outro lado, a níveis de aspiração cada vez mais perfeccionistas. Finalmente, desejando um nível irreal de disponibilidade e de partilha, e, simultaneamente, prevendo que não vai conseguir, o deprimido pode desenvolver uma forma de hostilidade, mais ou menos passiva, para com os outros, que o leva a rejeitá-los ou evitá-los.

CAPÍTULO VI
COMO INTERVIR?

Até algumas décadas atrás, o exame das possibilidades de intervenção para combater ou atenuar o sentimento de solidão recebia pouca atenção: de um lado, de fato, subavaliava-se a gravidade do desconforto provocado por esse sentimento; por outro lado, considerava-se a solidão como um efeito colateral de algum outro problema, como a baixa auto-estima, a depressão ou a fraca competência social. Hoje, no entanto, começa-se a reconhecer a *especificidade* do problema e partilha-se, também, a convicção de que é necessário se empenhar na busca de remédios. O sentimento de solidão, especialmente quando crônico, não apenas está entre as formas mais graves de sofrimento, mas, como repetidamente observamos, torna-nos *vulneráveis* a muitos outros problemas. Limitando-nos aos mais sérios, lembremos a forte associação da solidão com a depressão, da qual falamos há pouco, com o suicídio, com a toxicomania e o alcoolismo, como até com numerosas doenças, entre as quais especialmente as cardiovasculares. A frustração de nossas necessidades de contato, intercâmbio, pertença, aceitação, partilha, apoio e intimidade causa não somente problemas psicológicos, mas ainda alterações fisiológicas que, por sua vez, favorecem o aparecimento de distúrbios de toda espécie e impedem a recuperação do organismo.

Mas como intervir? Quais são as estratégias para combater a solidão, entendendo como "estratégias" tanto as soluções "caseiras", isto é, adotadas espontaneamente pelas pessoas, como as do tipo profissional? Existem estratégias mais eficazes que outras?

Antes de descrever os recursos mais representativos, talvez fosse útil colocar algumas premissas gerais, embora possam parecer de bom senso (ou até óbvias). Antes de tudo, o sentimento de solidão é muito, muito difuso, mas não é uma condição necessariamente permanente: sofre fortes oscilações na maioria das pessoas; as mudanças não são casuais: podem ser provocadas ou favorecidas por acontecimentos, circunstâncias, pensamentos, raciocínios e emoções. Além disso, para que aconteça uma modificação em sentido positivo, muitas vezes é fundamental não ignorar, mas reconhecer o mal-estar, e procurar compreender o que está indicando, isto é, quais insatisfações o provocaram. Finalmente, diz-se que não é possível estabelecer absolutamente quais são os remédios mais eficazes. Para começar, sobre alguns recursos não podem ser tiradas conclusões definitivas, porque os resultados são ainda controvertidos. Mais geralmente, a eficácia de uma estratégia depende em boa parte da receptividade da pessoa e do tipo particular de problema relacional que apresenta.

1. Estratégias espontâneas para não se sentir só

Os auxílios espontâneos para combater o sentimento de solidão são mais ou menos conhecidos de cada um de nós. Podemos separá-los em duas grandes categorias: as estratégias *mentais*, nas quais a pessoa não faz nada de material, mas procura agir sobre o próprio estado interno (pensamentos, juízos, raciocínios, emoções), e as *comportamentais*, em que, ao contrário, a pessoa realiza ações.

1.1. Estratégias mentais

Vão das tentativas de distração e dissuasão do problema às praticamente opostas, de exame de suas implicações, de busca de possíveis causas e soluções. Em suma, no primeiro caso, a pessoa busca, mais ou menos deliberadamente, desviar a atenção do próprio mal-estar pensando em alguma outra coisa, enquanto, no segundo caso, procura compreender por que se sente só, explora mentalmente os caminhos possíveis para superar o próprio desconforto e toma também decisões a respeito. Muitas dessas decisões se traduzem nas estratégias comportamentais que vamos descrever mais adiante (procurar contatos, melhorar a própria aparência etc.), mas outras podem ser mesmo elas de tipo mental, como a tentativa de reduzir as próprias expectativas sobre os relacionamentos sociais (dizendo-se, por exemplo, que não é tão importante ser popular ou procurado; ou, ainda, que nesta fase da vida, no final das contas, é melhor não ter relações sentimentais; e assim por diante).

A meio caminho entre esses dois extremos, temos pensamentos e raciocínios que, embora não enfrentem nem as causas nem as soluções do problema, intervêm sobre o estado de alma negativo sem ignorá-lo, procurando redimensioná-lo: a pessoa pode dizer que não vai dramatizar, que suas reações são excessivas ou que o mal-estar vai passar, como passou outras vezes, ou, até, que todos se sentem sozinhos de vez em quando.

Enfim, encontramos estratégias "compensativas" de várias naturezas. Uma delas consiste na procura dos lados positivos da própria condição de solidão: a pessoa pode pensar que essa experiência, embora negativa, a ajudará a crescer, a ser mais forte, autônoma, capaz de introspecção, e assim por diante. Uma outra estratégia consiste em reequilibrar a visão falimentar da própria vida de relações com a enumeração dos seus sucessos e das qualidades em outros campos (por exemplo, o sucesso profissional); enfim, a estratégia age sobre o componente auto-avaliativo do sentimento de solidão e procura reforçar a auto-estima, ferida na área dos relacionamentos afetivos e sociais, com outras auto-avaliações positivas.

Mesmo sendo difícil estabelecer absolutamente quais são as melhores estratégias, podemos dizer, em princípio, que as de puro desvio ou negação estão entre as menos eficazes, sobretudo se o problema não consiste no mal-estar passageiro de uma noite, mas é sinal de uma insatisfação relacional séria. Ao contrário, parecem, em geral, mais promissoras as estratégias que partem da tomada de consciência do desconforto, tanto nos casos de busca de explicações e soluções como nos casos (infelizmente raros) de aceitação construtiva da solidão e dos benefícios que ela pode oferecer.

Mas também as estratégias que se limitam ao redimensionamento do estado de alma negativo podem oferecer benefícios em circunstâncias oportunas: ter coragem, procurar controlar a ansiedade ou a depressão dizendo que o mal-estar vai passar ou que nossa reação é excessiva, pode ser útil, sobretudo quando exerce um papel *preparatório* para o emprego de estratégias mais decisivas. De fato, não é fácil se orientar para a solução ativa do problema se antes não se prepara o "terreno" emotivo: quando se está envolvido ou profundamente desencorajado, faltam tanto a lucidez como a motivação para qualquer intervenção construtiva.

1.2. Estratégias comportamentais

Podemos distinguir dois tipos gerais de estratégias comportamentais: as sociais e as não-sociais. As primeiras vão diretamente ao objetivo: quando se está insatisfeito com a quantidade e a qualidade das próprias relações; é sobre isso que se experimenta intervir, buscando os outros, intensificando os contatos ou melhorando a qualidade deles. As atividades vão da busca de contatos com amigos e conhecidos (telefonando, propondo encontros etc.) à de novos modos para encontrar pessoas (participando de reuniões ou festas, inscrevendo-se em grupos, clubes, escola); das tentativas de se tornar mais atraente fisicamente (fazendo uma dieta, cuidando dos adereços, praticando algum esporte) às de se tornar mais agradável, apreciável ou amável, melhorando as próprias qualidades sociais e o próprio comportamento; pode-se, igualmente, fazer um empenho no sentido de desenvolver uma atitude mais disponível, atenta, amigável, como também oferecendo ajuda e colaboração.

As estratégias não-sociais consistem em se dedicar a atividades solitárias de diversos tipos: trabalhar, estudar, ouvir música, ler, fazer ginástica, fazer compras. Mesmo aqui, como no caso das estratégias mentais, encontramos tentativas de contornar e de compensar. De fato, essas atividades podem ser feitas com o puro objetivo de se distrair do desconforto, ou então têm um propósito compensativo, tanto porque são muito agradáveis e gratificantes em si mesmas (como, por exemplo, um *hobby*), como porque se trata de atividades nas quais a pessoa é especialmente capaz. Nestes últimos casos, mais uma vez, aquilo que se procura é uma demonstração do próprio valor fora da área social, para gratificar a auto-estima.

Entre as estratégias não-sociais, assistir à televisão é uma das mais comuns. A estreita associação entre solidão e televisão é um fenômeno que está em todas as categorias de indivíduos, com as crianças e os idosos em primeiro lugar. Com certeza, o meio audiovisual é um substitutivo de interação social muito eficaz, mais eficaz que muitas atividades solitárias nas quais se pode simular um contato com outras pessoas, como, por exemplo, ler ou escrever. Além disso, nos tempos mais recentes, a simulação tornou-se ainda mais crível que o presumido realismo dos numerosos programas que põem em cena a vida de todos os dias e os problemas mais pessoais e íntimos de pessoas "comuns", com as quais é possível se identificar. Mas — mesmo deixando de lado toda consideração sobre a qualidade do realismo televisivo — é preciso observar que, como muitos substitutivos, a televisão apresenta um sério reverso da medalha: favorece uma orientação passiva, de desfrutador e observador, mais que de "ator", e pode, assim, afastar da busca de contatos reais. Mesmo assistir à televisão em companhia de alguém, embora possa parecer um certo sentido de partilha, não está isento de riscos: mais que estimular a interação, pode inibi-la ou empobrecê-la. Ou melhor, há os que, como diz Umberto Galimberti, contrapõem drasticamente o *estar com* os outros, típico da interação autêntica, ao somente *estar ao lado* dos outros, e pinta com tintas foscas a cena da família "recolhida" diante da televisão:

> Diversamente da mesa ao redor da qual nos sentávamos fazendo fluir, num vaivém contínuo, sentimentos e ressentimentos, interesses e ciúmes, olhares e conversas dos quais se alimentava a trama familiar, diante da televisão a família está "recolhida" não mais em direção centrípeta, mas centrífuga, somente para que alguém, que não está mais *com* o outro, mas somente *ao lado* do outro, levante vôo para uma fuga solitária que não partilha com ninguém, ou, no máximo, com um milhão de solitários do consumo de massa, que *simultaneamente* com ele, mas não *junto* com ele, assistem à programação.

Voltando, em geral, à eficácia das estratégias espontâneas contra a solidão, uma pesquisa, realizada com grande amostra de estudantes universitários norte-americanos, traz dois resultados em que merecem atenção. A pesquisa confronta os problemas de solidão manifestados pelos estudantes no início do ano acadêmico com os declarados no final do ano, para registrar as possíveis variações e identificar e avaliar as estratégias adotadas pelos jovens para superar o próprio desconforto. O primeiro resultado diz respeito à importância das amizades: apesar da tendência geral em idealizar as relações amorosas, os relacionamentos de amizade parecem conseguir aliviar a solidão de modo mais significativo. Esse dado convida a refletir sobre a possível insuficiência das relações sentimentais, sobretudo se vistas como panacéia contra toda forma de solidão.

O segundo resultado diz respeito ao confronto geral entre as estratégias adotadas pelos jovens que, no fim do ano, denunciavam o mesmo grau de solidão registrado no início (ou seja, os "ainda sós") e as estratégias adotadas por aqueles que, ao contrário, tinham resolvido ou mitigado seu problema (os "não-mais sós"). O confronto não *evidenciou diferenças significativas* no tipo de estratégia adotado: os "ainda sós" haviam procurado recursos semelhantes aos dos "não-mais sós". Aquilo que, no entanto, diferenciava os dois grupos de jovens era o nível inicial de auto-estima e o tipo de atribuições relativas à própria solidão: os "não-mais sós" apresentavam, desde o início, uma auto-estima mais alta, maior confiança de conseguir satisfazer as próprias expectativas sobre as relações sociais e menor inclinação para atribuir a solidão a causas internas. Este resultado testemunha, mais uma vez, a importância da relação entre auto-estima e solidão.

1.3. Internet: oportunidade ou ameaça?

Entre os auxílios espontâneos para combater a solidão, o uso da internet merece um discurso à parte, por sua novidade, sua grande versatilidade e poder, e também pela dificuldade de, todos os dias, formular juízos definitivos sobre as vantagens e os prejuízos que traz. A internet pode ser um instrumento muito poderoso contra a solidão, pela facilidade, pela variedade, pelo número de contatos potenciais que permite. Ao contrário da televisão, é um meio interativo, e pode ainda servir de trampolim para contatos futuros da vida real. Poderia ser vista como simples instrumento, em si mesmo neutro, que se torna bom ou mau conforme os fins a que se destina. Mas esta visão "salomônica" dos meios e das tecnologias talvez seja um pouco eqüidistante, e pode ser, afinal, ingênua ou até hipócrita: os meios de comunicação, mesmo que não determinem os nossos relacionamentos e as mudanças sociais, certamente os plasmam e orientam em certas direções mais que em outras. Um meio com múltiplas potencialidades deve ser cuidadosamente controlado, para que se consiga prever e prevenir seu uso prejudicial.

Tomemos, como exemplo, uma das características evidentes da comunicação via internet: a possibilidade de manter o anonimato. Quais benefícios e quais prejuízos potenciais apresenta em relação ao problema que aqui nos interessa, isto é, a busca de recursos contra a solidão? De um lado, o anonimato pode favorecer a criação de relacionamentos menos autênticos e orientar para formas de "jogo" interativo no qual os participantes apresentam identidades fictícias e estabelecem ligações imaginárias, que distraem e afastam dos relacionamentos reais. Além disso, o anonimato expõe ao risco de se entrar em contato com pessoas inescrupulosas, e, em todo caso, pode favorecer a idealização do próprio interlocutor, expondo, assim, a frustrantes desilusões. De outro lado, porém, o anonimato pode ser de grande ajuda justamente para as pessoas afligidas pela ansiedade social (como são, muitas vezes, os "sós"). Se é certo que permite disseminar grandes mentiras, é também real que ajuda a revelar verdades que nunca se teve a coragem de confiar a ninguém. Mais adiante voltaremos a examinar esses aspectos.

É difícil, na realidade, pesar as vantagens e as desvantagens potenciais do uso da internet, tanto as gerais como as pertinentes à solidão e às soluções para superá-la. Os estudos realizados até agora levaram a resultados controvertidos. Parecem relevar, além disso, uma mudança de "tendência" no tempo: enquanto as primeiras pesquisas (que remontam a 5-8 anos atrás) levavam a conclusões, em geral, negativas, as recentes orientam para posições mais equilibradas ou declaradamente otimistas. Seria interessante procurar compreender se e quanto esta inversão de tendência depende de um processo de "amadurecimento" dos usuários que, com o tempo, tornaram-se mais prudentes e seletivos no modo de usá-la, ou, então, de mudanças da própria internet. É preciso que se observe, de fato, que a riqueza e a variedade dos serviços oferecidos cresceram significativamente. Além disso, enquanto no passado a comunicação via internet era quase sinônimo de comunicação entre desconhecidos, hoje, graças à sua maior difusão, ela permite cada vez mais os contatos imediatos com amigos e parentes distantes. Mudanças do gênero podem ter favorecido uma maior integração das atividades sociais do mundo "virtual" com as da vida real.

Voltemos a explorar mais detalhadamente os possíveis valores e defeitos da internet, começando pela vertente negativa. Muitos expressaram a preocupação de que ela possa encorajar os usuários, e particularmente os jovens, mais sensíveis ao fascínio das tecnologias, a passar mais tempo entretendo-se com estranhos e estabelecendo com eles relacionamentos superficiais e muitas vezes não autênticos, em prejuízo de intercâmbios mais profundos e significativos com amigos e familiares na "vida real". Algumas pesquisas avaliaram preocupações do gênero, mostrando que os relacionamentos sociais formados *on-line* eram menos profundos do que os da vida real, ou que os usuários do correio eletrônico, em comparação com os que não o usam, passavam menos tempo com os familiares e amigos e tinham com eles relacionamentos mais frágeis e superficiais.

Esses dados, no entanto, não nos dizem nada ainda de explícito sobre o *bem-estar* dos usuários da internet. Outros estudos enfrentaram diretamente esta vertente do problema. Como exemplo, uma famosa pesquisa de 1998 explorou o relacionamento causal entre o uso da internet e o bem-estar psicológico, pondo em confronto dois grupos de usuários: os que faziam uso intenso dela e aqueles que a usavam apenas esporadicamente. Os resultados foram alarmantes: os usuários "intensivos" mostravam, no intervalo de 12-18 meses, um aumento significativo de sintomas depressivos e sentimento de solidão! E, isso, apesar de o uso prevalente da internet ser de tipo comunicativo e não "solitário" (como entreter-se em jogos de diversos tipos, ou então "baixar" música, e assim por diante).

Mas as preocupações mais importantes para nós dizem respeito ao tipo de uso que podem fazer da internet aqueles que têm problemas de timidez, ansiedade social e solidão. Com freqüência, quem sofre de solidão já tem dificuldade com a interação real e tende para o "virtual", no sentido de que é tentado a se refugiar em mundos fantásticos e consoladores, e tem padrões irreais sobre o grau de satisfação que deve obter dos relacionamentos sociais. A internet, portanto, poderia ser seletivamente perigosa, isto é, para algumas tipologias de indivíduos mais que para outras. Uma pesquisa realizada em 2002 questionou justamente este aspecto, procurando verificar se o uso da internet tinha conseqüências diversas sobre "extrovertidos" e "introvertidos". A extroversão é um traço de personalidade relativamente estável, caracterizado por uma disposição positiva para a interação social e pela confiança na acessibilidade e disponibilidade dos outros. Geralmente, os extrovertidos, em comparação com os introvertidos, são mais bem integrados socialmente, estão mais satisfeitos com seus relacionamentos e menos vulneráveis ao estresse. A pesquisa obteve resultados que poderíamos sintetizar com o ditado "chover no molhado": os extrovertidos, aqueles que usavam a internet mais freqüentemente, mostravam, em um intervalo de 6-12 meses, menor solidão, menores emoções negativas e um crescimento da autoestima e do bem-estar geral. Entre os introvertidos, aconteceu exatamente o oposto. Resultados desse tipo parecem indicar que, enquanto as pessoas mais sociáveis e mais satisfeitas com as próprias relações estão em condições de *estender,* por meio da internet, a própria rede de relacionamentos e de *reforçar* os já existentes, as pessoas menos sociáveis e insatisfeitas socialmente costumam *isolar-se* ainda mais da vida real e *enfraquecer* os relacionamentos existentes, em favor de contatos pouco significativos com estranhos.

Uma outra pesquisa, realizada com um grupo de adolescentes, explorou a relação entre solidão e ansiedade social, por um lado, e tipo de comunicação via internet, por outro. Os resultados estão novamente alinhados com a hipótese de "chover no molhado": os jovens que sofriam *menos* de solidão e ansiedade social usavam a internet especialmente para comunicar-se com os amigos da vida real, reforçando, assim, relacionamentos já existentes; ao contrário, os jovens afligidos por problemas de solidão e ansiedade social costumavam usar a internet para comunicar-se com estranhos. Deve-se notar, entretanto, que a pesquisa não oferece elementos suficientes para compreender se esses adolescentes conseguiam compensar, por meio dos relacionamentos estabelecidos na internet, a falta de partilha e de intimidade da própria vida real, ou se, ao contrário, tornavam-se "presas" mais fáceis de mundos e relacionamentos fictícios ou superficiais.

Os resultados negativos que descrevemos há pouco causam logo alguma preocupação. Mas são contrabalançados por outros dados que vão na direção oposta. Para começar, um aspecto positivo que até agora não sublinhamos bastante é o fato de que hoje o uso prevalente da internet é *a comunicação,* mais que a simples procura ou oferta de informações das mais variadas naturezas. E, como foi amplamente documentado pela pesquisa psicológica, a comunicação tem, em geral, um impacto social positivo: costuma aumentar o bem-estar psicológico e a probabilidade de estabelecer relações sociais satisfatórias.

A internet, pela facilidade com que permite superar obstáculos de tempo, lugar e circunstâncias, aumenta nossas possibilidades de *partilha,* não somente com amigos e parentes distantes, mas também com *estranhos que partilham dos nossos interesses e opiniões,* e que, dificilmente, teríamos condições de encontrar na vida real. Hoje, mesmo vivendo no vilarejo mais afastado do mundo, podemos sentir que pertencemos e participamos ativamente de grupos e organizações políticas, culturais e religiosas, com as quais compartilhamos os valores e os objetivos.

Além disso, alguns estudos questionam a preocupação de que a internet se preste para a criação de relacionamentos "alternativos" aos da vida real. Ficando nos resultados dessas pesquisas mais recentes, as pessoas, em geral, não usam a internet para fugir da vida real, mas para reforçar os liames existentes. É ainda mais significativa a forte tendência de *levar para a vida real as relações criadas na internet*, com um processo gradual de aproximação ao relacionamento face a face: começa-se com as mensagens e as cartas, passa-se depois para os telefonemas e, finalmente, chega-se ao encontro pessoal.

Mais uma vez, poder-se-ia objetar que estes dados confortadores dizem respeito à maioria das pessoas, mas não valem para aquelas que correm maior "risco", isto é, as que já têm problemas com a vida e as relações reais. Como mencionamos, a internet poderia desempenhar o papel de "amplificador" do existente: enquanto a pessoa sociável e bem adaptada recebe dela um *surplus* positivo, a pessoa que se sente só, ansiosa ou depressiva, poderia tirar dela um *surplus* negativo. Essa conclusão é também contestada por alguns estudos recentes, que mostram, ao contrário, que a comunicação via internet oferece vantagens particulares *justamente para quem sofre de solidão* e ansiedade social.

O anonimato favorecido pela internet *reduz os riscos da auto-revelação*, tão temida pelos "sós", como o ridículo e a rejeição social: a pessoa sozinha sente-se encorajada a fazer as revelações mais íntimas e pessoais, mais ou menos como acontece com estranhos que se encontram no trem. Estes últimos são muitas vezes levados a confidências recíprocas porque cada um está bastante seguro de que as revelações feitas não chegarão ao próprio círculo de amigos e conhecidos. Porém, ao contrário de um estranho que se encontra em um vagão ferroviário, aquele que está na internet pode ser facilmente reencontrado: a revelação inicial, portanto, pode ser uma base de partida para a formação de laços íntimos e profundos.

Uma segunda vantagem oferecida pelo anonimato é o fato de que *permite superar fortes "barreiras" iniciais*, como a pouca atração física (presumida ou real), algumas deficiências (por exemplo, a gaguez) e a timidez. Esses fatores costumam bloquear as iniciativas das pessoas afligidas pela ansiedade social e incidem negativamente sobre a primeira impressão que os outros têm delas no encontro face a face, impedindo, assim, o aprofundamento do relacionamento. A "primeira impressão" tem uma importância que não pode absolutamente ser descuidada: em geral, de fato, nos contatos seguintes as pessoas se concentram seletivamente naqueles aspectos que *confirmam* a impressão inicial, mais que nos divergentes. E os tímidos são sempre muito preocupados com isso. Uma moça, por exemplo, declara que o principal motivo de sua timidez é "o impacto físico e visual com os outros"; mas "em um *chat*" conheceu um rapaz com quem encontrou "uma sintonia emotiva e intelectual fantástica, sendo ele muito hábil com as palavras e capaz de deixá-la à vontade". Seguiram-se imediatamente os contatos telefônicos e, por fim, um encontro, face a face, embora tenha sido difícil realizá-lo, ou melhor, "muitíssimo trabalhoso", porque ela não conseguia "encontrar a coragem de encontrá-lo". Mas agora se encontram com freqüência e são "amigos especiais".

Talvez o encontro na internet não se assemelhe tanto ao encontro entre estranhos no trem quanto a um encontro "no escuro", no sentido literal do termo. Como mostraram algumas experiências, quando estranhos se encontram em uma sala escura, suas primeiras impressões recíprocas são muito diferentes das que teriam em uma sala iluminada: enquanto neste último caso a atenção é facilmente atraída pelo aspecto físico, no encontro no escuro a primeira impressão não pode senão depender daquilo que é dito. Além disso, existe uma acentuada tendência tanto para "se revelar" mais, como para "agradar-se" mais reciprocamente. De fato, a atração recíproca está muito ligada à revelação recíproca (sobretudo quando é impedido o acesso a elementos mais superficiais, como o aspecto físico), e esta última fornece uma base mais sólida e duradoura para o estabelecimento da relação.

Alguns estudos mostram que justamente os "sós" e os inibidos socialmente conseguem manifestar na comunicação via internet o seu "eu verdadeiro", isto é, aquele núcleo mais autêntico e íntimo da própria personalidade que permanecia não revelado na vida real. Observe-se bem: não uma identidade fictícia ou somente "possível" ou desejada, mas a que eles sentem mais verdadeira (e muitas vezes susceptível de avaliações negativas) e que, por medo do juízo social, nunca tiveram coragem de revelar.

Essas revelações, para os "sós" ainda mais do que para os "não-sós", parecem servir de trampolim para a formação de relacionamentos significativos. Além disso, as pesquisas mais recentes fazem vacilar a convicção de que as relações *on-line* sejam tipicamente destinadas a ter vida curta: tanto as amizades como as relações sentimentais nascidas na internet são, com freqüência, pelo menos tão *duradouras* quanto as da vida real; e, fato ainda mais importante, *são levadas gradualmente para a vida real*. Com efeito, "sair do virtual" é, muitas vezes, o objetivo de muitas pessoas que se encontram no *chat* em salas dedicadas aos tímidos ou aos "sós". Assim se exprime sobre isso um rapaz em uma mensagem:

> Olá, todos! Antes de tudo, gostaria de expressar o meu contentamento pela criação desta sala porque, se há uma "categoria" que precisa muito de uma comunidade virtual para trocar experiências e sugestões é justamente a nossa, a dos tímidos. Gostaria de dizer que ir além do virtual é um passo importante que deve ser dado, digamos, decisivo: no fim, o objetivo desta sala é encontrar um pouco de coragem confrontando-se com aqueles que têm o mesmo problema (pelo menos eu vejo assim), mas a verdadeira mudança deve acontecer no dia-a-dia. Aqui, cada um é ele mesmo e consegue se expressar livremente, e meu objetivo pessoal é conseguir isso também na vida "real", com a ajuda de vocês. Gostaria de ter a possibilidade de encontrar um de vocês, depois de ter conhecido um pouco melhor virtualmente. De resto, quem melhor que uma pessoa tímida para entender outra pessoa tímida? Conforme algumas estatísticas, cerca de 20% da população mundial está infestada, de várias maneiras, por essa "doença da modernidade" e é muito difícil para duas pessoas tímidas se encontrarem. [...] Mas, graças a esta sala, pode haver alguma oportunidade a mais. O que vocês dizem disto?

Visto sob esta luz, o uso da internet perde muitas conotações preocupantes. A nova tecnologia não parece revolucionar dramaticamente o nosso modo de reportar-nos aos outros, se e quando é usada para facilitar a criação das mesmas e antigas formas de relacionamento social que conhecemos há milênios.

Dito isso, é preciso, de alguma forma, manter a cautela sobre as vantagens oferecidas pela internet às pessoas que sofrem de solidão e que, portanto, mais que outras, podem recorrer a ela como um remédio contra seu problema. As razões da cautela são muitas. Em primeiro lugar, reforçamos que os estudos a respeito obtiveram resultados por vezes divergentes e não permitem, ainda, chegar a conclusões definitivas, em sentido positivo ou negativo. Além disso, a criação de relacionamentos via internet apresenta alguns riscos contra os quais é preciso, de alguma forma, se precaver. Por exemplo, se é verdade que a internet facilita a auto-revelação e o estabelecimento de relações íntimas, é também verdade que a insólita *rapidez* com a qual se instaura essa intimidade pode ser traumática, levando a pessoa a envolvimentos precoces ou excessivos, ou revirando sua vida afetiva e social preexistente. É necessário levar em conta, ainda, a acentuada tendência a idealizar o companheiro da relação virtual, sobretudo por parte de quem tem relacionamentos reais insatisfatórios, e corre o risco, por isso, de projetar sobre o interlocutor e sobre o relacionamento virtual todas as qualidades desejadas que não encontra na vida de todos os dias, expondo-se, assim, a prováveis desilusões.

Uma outra recomendação importante é a de certificar-se de que o relacionamento se fundamenta sobre uma partilha real de interesses e valores, que é uma condição necessária para o estabelecimento de relações significativas. Portanto, é aconselhável ser muito seletivo na busca de contatos, escolhendo "salas" onde seja mais provável encontrar pessoas semelhantes a si e com interesses compatíveis com os próprios interesses.

Finalmente, uma pergunta posterior cuja resposta ainda não conhecemos é se a internet, com o tempo, corre o risco de se tornar um meio irrenunciável para os usuários que o adotam como remédio contra a ansiedade social. Vimos que a pessoa só e ansiosa encontra na internet um meio eficaz para enganar os obstáculos que se depara nos relacionamentos face a face, sobretudo nas primeiras abordagens. Resta entender se esse uso da internet pode ajudar o usuário a aprender a reduzir e controlar a ansiedade dos primeiros encontros, de modo a chegar, em um determinado ponto, a desprezar a abordagem virtual; ou se, ao contrário, se cristaliza numa modalidade que exija interação e, portanto, uma forma de dependência do meio, pelo menos para iniciar os relacionamentos.

2. Intervenções "estruturadas" contra a solidão

Um grande obstáculo para a aplicação de intervenções estruturadas é a relutância, muito comum entre pessoas que se sentem "sós", em pedir ajuda. Como observam muitos psicólogos clínicos, até quem sofre de formas crônicas e graves de solidão tem dificuldade para reconhecer seu problema. Isto depende, em parte, da característica inefável desse tipo de mal-estar, que pode apresentar-se em formas enganosas e subterrâneas, não imediatamente acessíveis à consciência, e é ainda mais difícil de descrever para os outros, de modo compreensível. A isso se acrescenta o halo de vergonha ou culpa que muitas vezes rodeia a solidão. Conseqüentemente, são muitos os "sós" que procuram ignorar a própria solidão ou, quando muito, adotam expedientes "informais", como as estratégias espontâneas já descritas. Também quando se dirigem a alguém, privilegiam os familiares ou os amigos, e, muitas vezes, sem declarar o problema, mas buscando indiretamente ajuda e conforto por meio do contato.

As intervenções estruturadas podem ser diferenciadas em duas categorias gerais: as centradas sobre problemas psicológicos da pessoa "só" e as centradas sobre os fatores ambientais, isto é, sobre as condições externas que podem impedir ou favorecer os contatos sociais.

2.1. Intervenções psicológicas

As estratégias de intervenção psicológica mais comuns são agrupáveis com base nos tipos de problemas relacionais sobre os quais se deve intervir. Em alguns casos, as dificuldades maiores dizem respeito à *formação* de relacionamentos, isto é, às primeiras abordagens e contatos, à capacidade de tomar a iniciativa na interação e de se apresentar aos outros de modo adequado. Em outros casos, ao contrário, os problemas da pessoa sozinha dizem respeito, principalmente, à *manutenção* e ao aprofundamento dos relacionamentos já formados. E em outros casos, ainda, os problemas se centram nos *fins* de uma relação e sobre como enfrentá-la.

Muitas das dificuldades relativas às fases iniciais de formação dos relacionamentos giram em torno das modalidades de apresentação aos outros, que incidem sobre suas expectativas e realizações, condicionando, assim, a própria disponibilidade em relação à pessoa sozinha. Por exemplo, um comportamento muito ansioso ou socialmente inibido, como o dos tímidos, não encoraja, certamente, a interação. O mesmo acontece no caso de atitudes muito ou pouco assertivas: a assertividade em excesso está próxima da arrogância ou da prepotência, enquanto a pouca assertividade leva a juízos de dependência e gregarismo; em todo caso, uma "dose" errada de assertividade leva os outros a terem uma reação de rejeição ou de se conservarem a distância. Considerações análogas, como sabemos, aplicam-se aos níveis errados (muito superficiais ou muito íntimos e pessoais) de comunicação e auto-revelação.

Entre as intervenções que têm por objetivo a solução desse tipo de problema, além da terapia cognitiva — da qual trataremos detalhadamente mais adiante —, são apontados os *treinamentos em habilidades sociais*, muito difundidos nos Estados Unidos (país que neste setor, como em muitos outros, teve papel pioneiro). Trata-se de cursos de "treinamento" que duram algumas semanas, voltados para a aquisição de capacidades sociais, como iniciar uma conversação, falar ao telefone, cumprimentar e receber cumprimentos, administrar períodos de silêncio, melhorar o aspecto físico, controlar a comunicação não-verbal, fazer as primeiras abordagens para a intimidade física. O treinamento apresenta, em geral, a seguinte estrutura:

mostram-se aos participantes (reunidos, em geral, em pequenos grupos) cenas gravadas em vídeo que ilustram vários tipos de comportamentos sociais; em seguida, faz-se uma discussão coletiva, orientada por um terapeuta, sobre as inadequações mostradas pelos personagens; neste ponto, os participantes se dedicam a exercícios de "simulação" do comportamento "certo", isto é, adequado ao seu contexto e às suas motivações. Finalmente, o terapeuta passa eventuais "deveres de casa" (por exemplo, começar uma conversa com um estranho), que devem ser relatados no encontro seguinte.

Como sabemos, o peso das habilidades sociais não é sempre tão determinante para os problemas de solidão, pelo menos no que diz respeito ao efeito que um comportamento inadequado provoca nos outros. Algumas dificuldades características da pessoa sozinha impedem ou fecham, de imediato, os contatos, *independentemente do efeito* social negativo que possam provocar. A timidez, por exemplo, não apenas pode despertar juízos negativos (de deselegância, de acanhamento, de inadequação) e influenciar as reações dos outros, mas interferir também nas expectativas iniciais do tímido: seu grande medo do ridículo e da rejeição, de fato, leva-o automaticamente a reduzir os contatos e a não tomar iniciativas, antes ainda de verificar o efeito do próprio comportamento sobre os outros. Do mesmo modo, a baixa auto-estima incide de modo negativo sobre a formação dos relacionamentos, mesmo que não se manifeste em comportamentos inseguros, dependentes ou servis: a pessoa com baixa auto-estima, julgando-se de pouco valor, vai, de alguma forma, esperar avaliações negativas e perceber de maneira distorcida a atitude e as reações dos outros nos próprios contatos. Isto não quer dizer que os treinamentos em habilidades sociais não possam ser de alguma ajuda na eliminação das "barreiras" que impedem as primeiras abordagens. Além disso, independentemente dos progressos conseguidos nas habilidades sociais, os treinamentos têm um efeito positivo importante: incidem diretamente sobre as expectativas e auto-avaliações dos "sós", porque fazem crescer a própria confiança em si mesmos e na capacidade de enfrentar as situações sociais.

Quando as dificuldades da pessoa sozinha dizem respeito à *manutenção* de relações satisfatórias, muitos dos dissabores giram em torno das *qualidades* dos relacionamentos existentes, como a pouca comunicação ou empatia e a sensação de incompreensão e de vazio provocadas por um relacionamento superficial ou deteriorado. Nesses casos, as estratégias de intervenção consistem, geralmente, nas *terapias familiares*, que colocam ênfase particular, de um lado, sobre problemas causados por uma dependência excessiva do companheiro; e, de outro, sobre o medo da intimidade e do empenho exigidos por uma relação afetiva. As terapias familiares se concentram, obviamente, nas relações conjugais e parentais. Ficam, assim, bastante descobertos os problemas relativos aos relacionamentos de amizade, cuja importância é injustamente subestimada.

Quanto às intervenções para ajudar a gerenciar o *fim* das relações, como os lutos e os divórcios, merecem atenção os "históricos" seminários para viúvos e divorciados idealizados por Robert Weiss. Tratava-se de uma série de encontros semanais que começavam com uma conferência feita por um psicólogo sobre os problemas típicos do fim de uma relação: sensação de abandono, desconfiança das próprias capacidades de estabelecer relacionamentos significativos, depressão, as conseqüências da perda sobre os outros relacionamentos, especialmente com os filhos, e assim por diante. A conferência era seguida de discussões de grupo entre os participantes. Os seminários tiveram um relativo sucesso com os divorciados, mas fracassaram com os viúvos. As razões desse resultado diferente são muitas. De um lado, para os viúvos as explicações sobre o desconforto causado pelo luto pareciam óbvias e inutilmente dolorosas, enquanto para os divorciados a análise das causas da própria separação era útil e esclarecedora. Além disso, é preciso observar que os seminários eram apresentados também como uma oportunidade para estreitar novos relacionamentos (e, propositadamente, terminavam com um refresco), e isto era vivenciado com certa ambivalência pelos viúvos: a dor da separação, embora dilacerante, era alguma coisa que não queriam superar tão cedo, porque representava um sinal da intensidade dos seus sentimentos para com o cônjuge perdido; ou melhor, mostravam-se, às vezes, entediados com os objetivos de "socialização" implícitos nesses encontros, e pareciam até contrariados pela presença de pessoas do outro sexo. Os divorciados, ao contrário, eram muito mais propensos a "virar a página" e a estreitar novos relacionamentos. Afinal, para eles, particularmente motivados em demonstrarem-se capazes de encontrar um novo companheiro, tais contatos eram além de tudo úteis à auto-estima. Os viúvos, ao contrário, para os quais o luto havia tido conseqüências menos significativas para a própria auto-estima, não estavam igualmente motivados nesse sentido. Esses resultados alertam contra a indevida generalização das estratégias de intervenção de uma categoria de pessoas para outra e sublinham a importância de intervenções específicas.

2.2. Intervenções sociais

Sublinhamos, mais de uma vez, que o sentimento de solidão é um fenômeno subjetivo e qualitativo, que muitas vezes não é possível relacionar com fatores objetivos e quantificáveis: nem o isolamento físico, nem o número de interações ou relações sociais, nem as diferenças de sexo, estado civil, idade e condição socioeconômica estão invariavelmente ligados ao sentimento de solidão. No entanto, isso não quer dizer que muitos desses fatores não possam ter papel predisponente e, em algumas situações, sobretudo quando causas objetivas agem simultaneamente, seu êxito pode ser devastador. Pensemos, a título de exemplo, na situação em que se encontra uma dona de casa estrangeira que vive isolada em um bairro estranho a ela pela cultura e pelo *status* socioeconômico, e que, precisando atender os filhos pequenos, não tem sequer a possibilidade de trabalhar e de ter contatos com o exterior: em tais casos, as intervenções sociais são prioritárias em relação a qualquer outro tipo de intervenção.

Por intervenções sociais referimo-nos à gama heterogênea de iniciativas destinadas a facilitar os contatos sociais ou a remover os obstáculos ambientais e sociais que os dificultam. Muitas dessas iniciativas não são especificamente orientadas contra a solidão, mas, facilitando a criação de redes de solidariedade, representam, de algum modo, uma ajuda válida. Pensemos, por exemplo, no empenho especial dos voluntários (na Itália há cerca de 4 milhões de voluntários), que oferecem serviços preciosos a uma variedade de categorias de pessoas (idosos, crianças e doentes) e levam uma mensagem de solidariedade e de participação cujo valor vai muito além daquele "socorro" prático. No entanto, como observa Alberto Zuliani, ex-presidente do Istat, as transformações sociais em curso estão submetendo a duras provas o cultivo das redes de ajuda informal, tornando cada vez mais necessária sua integração com intervenções institucionais:

> O envelhecimento da rede de parentesco e a difusão do trabalho das mulheres modificaram os equilíbrios que controlavam o desenvolvimento da vida cotidiana. Mais mães trabalham, com menos tempo para se dedicar aos cuidados domésticos; há menos crianças para serem acompanhadas, mas com uma organização mais complexa; os avós têm menos netos aos quais possam se dedicar, mas muitas vezes têm pais muito velhos vivos. A mesma difusão do trabalho atípico pode comportar uma flexibilização do trabalho profissional e entrar em conflito com a disponibilidade da rede de se encarregar das novas exigências, [...]. A transformação das redes de ajuda informal apresenta o problema de oferecer apoio por meio de serviços adequados no território e de promover políticas de conciliação trabalho–família.

Voltando mais especificamente ao tema da solidão, as iniciativas, públicas ou privadas, que com o tempo se mostraram mais eficazes, são aquelas que procuram favorecer, nos vários ambientes (escolas, condomínios, bairros, hospitais), atividades de *cooperação* em vista de um objetivo comum. Uma sugestão importante: é preferível que este objetivo não coincida com o objetivo de "vencer a solidão". Em outras palavras, para ter maior eficácia, os encontros sociais favorecidos pelas várias iniciativas não deveriam ser fins em si mesmos, mas instrumentos para algum outro objetivo (cultural, social, positivo ou didático). Seu efeito de redução ou de superação da solidão deveria parecer, por assim dizer, colateral ou até acidental aos olhos da pessoa sozinha. As inumeráveis agências para "corações solitários" ou os vários serviços de "vozes amigas", embora oferecendo ocasiões de encontro e de apoio psicológico, têm a desvantagem de representar, para quem sofre de solidão, uma "tábua de salvação", com todas as conotações negativas do termo: sabemos, de fato, que os "sós" têm medo do estigma da solidão e podem sentir-se humilhados e deprimidos diante de tentativas muito explícitas de fazer frente ao seu problema. Muitos pensam que somente os "desesperados" recorrem a soluções desse tipo, e não querem considerar-se como tais. Além disso, quanto mais os encontros são apresentados como meios para combater a solidão, tanto mais a atenção dos "sós" concentra-se no próprio fato de se encontrar, mais que nas atividades que devem ser desenvolvidas em comum: isto poderia enfatizar justamente os próprios problemas de interação e amplificação dos seus temores de serem julgados ou rejeitados. Se, ao contrário, nos encontramos com a finalidade de fazer alguma coisa de definido, muitos desses estorvos e medos perdem sua posição de primeiro plano, e são, portanto, redimensionados. A seguir, um conselho *on-line* que um rapaz dá a outro em resposta à sua confidência de nunca saber o que dizer nas ocasiões sociais:

> As saídas na companhia de alguém, a lugares aonde se vai com o motivo preciso de estar na companhia de alguém, serão sempre difíceis; além da timidez, acrescenta-se o problema concreto de não saber o que fazer/dizer e, talvez, de nem sequer conhecer bem a pessoa. Ao contrário, se, por exemplo, você fizer um trabalho que o coloque em contato com os outros, será mais fácil, e você poderá concentrar-se no trabalho deixando de lado os complexos mentais de sempre [...] e, nesse meio-tempo, como coisa "marginal", você também estará com outras pessoas. Elas não esperarão nada de você, uma vez que você está num lugar de trabalho e não num bar (onde esperamos que alguém vá para se divertir e contribuir para a diversão geral). A atividade pode ser qualquer uma; basta que se esteja junto para fazer alguma coisa que o mantenha ocupado e que dê motivos para falar.

Às vezes, no entanto, é difícil não dar ao encontro uma aparência de "remédio contra a solidão". Pensemos, por exemplo, nas visitas feitas pelos voluntários aos idosos nos hospitais. Nesses casos, há, porém, pelo menos um outro aspecto a se considerar: o poder de *autocontrole* e *previsão* das pessoas que vão ser encontradas. De fato, algumas pesquisas feitas justamente com os idosos demonstraram que eles vivem com grande pesar o fato de não terem controle sobre as visitas: quando as visitas começam sem ser anunciadas, acontecem em dias não programados e podem também cessar sem prévio aviso, o benefício antes conseguido, que muitas vezes é notável e se associa a uma melhora das condições de saúde dos idosos, fica completamente perdido; ou melhor, acontecem sensíveis pioras em seu estado psicológico geral.

3. Um exemplo de terapia cognitiva

As terapias cognitivas partem de uma concepção de solidão próxima daquela proposta pelos modelos da "discrepância" (cf. Cap. IV): também aqui, de fato, o sentimento de solidão é visto como a dolorosa percepção de uma discrepância entre as relações afetivas e sociais desejadas (tanto no número como na qualidade) e as conseguidas. Atribui-se, portanto, um papel determinante às aspirações e às expectativas pessoais, como ainda às interpretações que a pessoa dá aos próprios *deficits* relacionais. As terapias estão voltadas principalmente para a cura de casos graves de solidão crônica, acompanhada de forte desconforto e, freqüentemente, de depressão. A terapia cognitiva específica para a solidão, que escolhemos aqui como exemplo, foi elaborada por Jeffrey Young na década de 1980, e apresenta analogias com a famosa terapia de Aaron Beck, aplicada especialmente na cura da depressão. O fundamento da abordagem está no papel crucial atribuído ao significado que o indivíduo dá às próprias experiências à luz da sua "realidade interna", isto é, das teorias implícitas sobre si mesmo e sobre o mundo, que influenciam e estruturam suas emoções e seu comportamento.

Na realidade interna de cada um, têm relevo particular os assim chamados *pensamentos automáticos* e as *atribuições subjacentes*. Os primeiros são pensamentos que afloram espontânea e automaticamente, sem qualquer reflexão ou deliberação, na presença de determinadas situações; são, muitas vezes, acompanhados de imagens mentais, também elas automáticas, e podem coexistir com outros pensamentos de tipo mais racional e consciente. Como exemplo, no caso da solidão, alguns pensamentos automáticos típicos são: "Não agrado a ninguém", "Vou parecer ridículo", "Ninguém vai me convidar", "Não consigo me comunicar", "Ninguém me compreende". As atribuições subjacentes, nas quais se baseiam os pensamentos automáticos, são convicções, regras e valores, mesmo eles implícitos, que orientam o comportamento e as avaliações de si mesmo e dos outros; como exemplo, "se alguém me rejeita, deve haver alguma coisa errada em mim", ou, "se erro, não tenho mais como reparar", ou, "as pessoas procuram, de qualquer maneira, aproveitar-se dos outros".

A terapia se coloca com o objetivo de modificar estes pensamentos automáticos e atribuições subjacentes, favorecendo a aprendizagem de uma espécie de método "científico" de verificação realista e racional da sua profundidade. Com este objetivo, é preciso que, antes de tudo, a pessoa perceba a existência desses pensamentos, as circunstâncias em que se apresentam e as reações emotivas e comportamentais que provocam. Essas convicções latentes, uma vez reconhecidas, são examinadas à luz da evidência e de possíveis contra-argumentos e contra-exemplos, procurando evitar as típicas distorsões do raciocínio, como as deduções apressadas e as generalizações de casos isolados.

Dois passos preliminares da terapia são o *diagnóstico de solidão* do paciente (com base em sua história pessoal e em suas respostas a testes e questionários específicos), e a coleta de *informações sobre sua rede social* (número dos contatos, a freqüência deles, o nível de intimidade dos relacionamentos; e assim por diante). Neste ponto, o terapeuta pode identificar o *estágio relacional* em que o paciente se encontra. Parte-se, de fato, da hipótese de que as relações tenham *estágios evolutivos*, em cada um dos quais podem ser encontradas configurações particulares de problemas — isto é, pensamentos automáticos particulares, emoções negativas e comportamentos inadequados —, que devem ser examinados e modificados. Deve-se destacar que os problemas apresentados por determinado estágio podem ser enfrentados somente quando já foram resolvidos os problemas relativos aos estágios anteriores.

O primeiro estágio consiste em saber estar só. Para muitos "sós", a condição de isolamento físico é sentida como intolerável. Esse medo agudo do isolamento leva-os a parecer muito dependentes e necessitados de contato, a ser sufocantes e cheios de exigências, conseqüentemente apavorando e enfastiando os outros. Para conseguir, portanto, criar ou manter relacionamentos satisfatórios, é preciso submeter à revisão o valor negativo atribuído ao estar só, a falta de interesse por qualquer atividade solitária, o medo de não saber encarar as dificuldades sem a ajuda dos outros. Também a auto-estima tem grande peso neste âmbito, porque nos faz acreditar que tudo o que diz respeito exclusivamente a nós mesmos não tenha interesse e valor, ou que a nossa existência só faça sentido com os outros e pelos outros.

O segundo estágio é o dos "conhecimentos" ou amizades superficiais: aprender a estabelecer relacionamentos ocasionais tem sua utilidade, porque se trata de um exercício social não muito exigente, antes de se aventurar no domínio da intimidade, que tipicamente desencadeia ansiedades mais agudas. Além disso, as amizades superficiais ajudam a combater a inatividade e o tédio e, sobretudo, ao nos tranqüilizar sobre a nossa "aceitabilidade" social, são um bom reforço para a auto-estima. Entre os problemas recorrentes neste segundo estágio encontramos a falta de habilidades sociais, uma atitude confiada ou desconfiada em relação aos outros e o contínuo "automonitoramento", típico dos tímidos, que nas situações sociais se observam e se julgam continuamente, perdendo, assim, toda espontaneidade. Mas, em geral, é típica desta fase a ansiedade social, com seus terríveis círculos viciosos: a reação ansiosa cria ansiedade posterior, porque se teme que a reação inicial se torne visível aos outros e os leve a um juízo negativo (de ridículo, compaixão ou desprezo). O resultado é um "crescendo" ansioso que culmina no pânico, como mostra o exemplo a seguir:

> Aconteceu-me, uma vez, que durante um jantar, no momento exato em que me foi feita uma pergunta que chamava a atenção de

mais pessoas sobre mim, entrei em uma situação de pânico. Percebi os olhos sobre mim, bloqueei-me e comecei a suar. As coisas se precipitaram rapidamente, porque me preocupava com que os outros não vissem meu rubor e meu suor. Naturalmente, preocupado com isso, a minha situação foi piorando cada vez mais. Então, consegui, com uma desculpa, afastar-me temporariamente da mesa e recuperar-me na toalete, procurando tranqüilizar-me. Acontece, também, quando uma única pessoa me faz perguntas que entram minimamente na minha esfera pessoal. É uma situação que me aterroriza.

A terapia cognitiva ajuda a romper círculos viciosos assim, colocando em discussão a aparência da reação inicial, ou a expectativa de receber avaliações negativas por causa da própria ansiedade ou, ainda, a gravidade ou a inapelabilidade do juízo social.

Com o terceiro estágio, passa-se às amizades mais profundas, diferenciadas por *confidências recíprocas*. O paciente é, portanto, encorajado a se "abrir" e confidenciar gradualmente com alguém, e a prestar, ao mesmo tempo, atenção ao outro, adotando uma postura disponível e interessada que o convide a fazer suas confidências. Aconselha-se circunscrever o relacionamento a uma forma de intimidade "amigável", sem implicações sentimentais ou sexuais, que poderiam ser ainda causadoras de muitas ansiedades. Os problemas típicos deste estágio são as dificuldades de comunicação ligadas à convicção de serem inferiores aos outros ou, de alguma forma, "diferentes" deles, de não serem compreendidos e aceitos, de representarem para eles um peso ou um tédio, e de não terem o direito de aborrecê-los ou entristecê-los com os próprios problemas. Quando convicções deste tipo são submetidas à análise crítica e à prova da experiência, e a pessoa verifica, por exemplo, que não é tão diferente, incompreensível ou angustiante, as dificuldades de comunicação começam a se atenuar.

O quarto estágio enfrenta a busca de um possível *companheiro sentimental*. Tranqüilizado sobre as próprias capacidades de estabelecer relacionamentos profundos de amizade, e tendo pelo menos um amigo "seguro" com quem confidenciar, o paciente pode aventurar-se agora na busca de um companheiro sentimental e sexual. Entre os problemas que devem ser enfrentados neste estágio encontramos, como sempre, a baixa auto-estima — que aqui se centra tanto na própria "indesejabilidade" como na incapacidade de encontrar a pessoa "certa" — e, em geral, toda dificuldade que diga respeito à *escolha* do companheiro. Considere-se, como exemplo, a tendência a estabelecer padrões irreais de atrativo, inteligência, classe social que o companheiro "elegível" deveria preencher, e descartar, portanto, todos os companheiros potenciais que inevitavelmente se encontram abaixo desses níveis ideais. De outro lado, também a pressa de se chegar ao "finalmente", estabelecendo e definindo o relacionamento como íntimo quando o outro ainda se sente em uma fase exploratória, pode ter o efeito negativo de fazer o companheiro potencial sentir-se em uma armadilha e, portanto, de comprometer o bom desempenho do relacionamento. O desabafo desta moça dá um exemplo disso:

> Agrado, atraio, mas não consigo que ninguém se envolva. Há anos coleciono amores não correspondidos e a cada vez sofro muitíssimo. Estou saindo de uma desilusão muito forte... e já estou vivendo outra. Conheci este rapaz há pouco mais de um mês. Consegui o número do seu celular com uma amiga que temos em comum e comecei a lhe enviar mensagens. No começo respondia sempre, nos ouvíamos e nos falávamos muito. Estávamos de acordo sobre várias coisas. Convidei-o para sair e ele aceitou... parecia tudo bem. No mesmo dia, desmarcou o compromisso porque não se sentia bem... Decidimos por um outro dia e ele desmarcou de novo... Quando nos encontramos (no trabalho), olha-me, aproxima-se, freqüentemente me toca de leve e depois se afasta. Brincamos, ele zomba de mim... mas se o chamo para sair, diz que é cedo, que não tem tempo e que devo entender. Para conseguir respostas dele devo dizer-lhe que estou cansada da situação e que quero esquecê-lo. Então, responde. E insiste em dizer que eu não devo ter pressa. O problema é que não sei o que fazer... Devo esquecê-lo? Devo dar-lhe um ultimato? Devo ficar tranqüila e deixá-lo pensar (sabe-se lá em quê)? E se depois, quando tiver pensando com toda a calma, ele sair com essa de "podemos ser somente amigos"? Eu sou sincera, não quero somente uma amizade com ele e creio que isso ele entendeu...

mas não quero mais perder tempo, como já perdi com todos os outros "indecisos" antes dele... todos deviam compreender, pensar, não estavam seguros... e depois, no final, fui rejeitada por todos. E tenho medo de que seja assim também agora.

Um outro problema relativo à escolha do parceiro é a "coação" para buscar o mesmo tipo de companheiro que, no passado, já se revelou "errado": de fato, por causa de mecanismos complexos de condicionamento emotivo, algumas pessoas se sentem atraídas por tipos particulares de companheiro, que normalmente se demonstram inadequados a elas. Por meio da terapia, pode-se aprender a reconhecer esses mecanismos, a identificar as características atraentes do outro que depois se revelam negativas, e a avaliar preventivamente as conseqüências dessas escolhas.

O quinto estágio é dedicado ao desenvolvimento da intimidade do relacionamento sentimental. Encontrado o companheiro adequado, é preciso, então, aprofundar a intimidade da relação, não somente com as confidências recíprocas, mas também com o contato sexual e as manifestações de atenção, confiança e afeto. Um problema que acontece aqui é a ansiedade sexual, a incapacidade de relaxar durante o encontro amoroso, causada pela tendência em considerá-lo como uma *obrigação* que será submetida a julgamento. Além disso, o onipresente medo da rejeição se apresenta também neste estágio, na roupagem do medo de ser *abandonado*, tanto mais forte quanto mais numerosas e dolorosas tenham sido as experiências anteriores de "ruptura". As convicções latentes que devem ser enfrentadas e colocadas em discussão são afirmações como: "Se fui deixado, há alguma coisa errada em mim", "Não sou capaz de evitar os erros cometidos no passado", ou, ainda, "É melhor ficar só do que correr o risco de ser abandonado". O medo de ser abandonado e o mecanismo perverso que leva a provocar o abandono são particularmente evidentes no exemplo que segue:

> O meu problema é quando me apaixono. Torno-me possessiva, ciumenta, insegura, paranóica. Tenho problemas quando meu companheiro deve ausentar-se por causa do trabalho... não quero que

me telefone. Não quero ter sequer contatos físicos pensando que fez não sei o que, não sei com quem. Duvido dele... e não depende dele em questão, porque sempre foi assim. De fato, mais que enfrentar a "separação", fecho-me, cedo, interrompo a relação... Sou, em geral, bastante afável e tranqüila, não invasora nem extremamente possessiva. Porém, se ouço um telefonema "feminino", fico alerta; se penso que por motivos de trabalho, ou outros, tiver de me dizer que deve viajar, mesmo que por um só dia ou dois, entro em crise e ostensivamente... meu medo da separação e do abandono deve-se a uma auto-estima fraca, a um sentimento de insegurança geral. Tenho medo de me envolver emocionalmente, porque estou certa de que cedo ou tarde serei abandonada e, portanto, vou sofrer. Por isso, abandono eu, antes que seja eu a abandonada.

O sexto estágio é o do *empenho afetivo a longo prazo*. O estágio final de superação da solidão consiste, de fato, em conseguir *manter* uma relação íntima no tempo. Há os que não têm grandes dificuldades em criar relacionamentos, mas eles se deterioram rapidamente por causa de inseguranças e ambivalências que começam a aflorar. Os problemas característicos desse estágio giram em torno do *empenho* implicado por uma relação estável: de um lado, o sentido de "enredamento" e o temor de não estar em condição de retribuir a dedicação do companheiro; do outro, uma forma de insegurança sobre o valor e a estabilidade da relação, que, porém, evita qualquer verificação: a pessoa não consegue expressar os próprios motivos de insatisfação com medo da reação do outro, e, ao mesmo tempo, tem raiva ou ressentimento porque o companheiro não se dá conta espontaneamente dessa insatisfação.

Como é evidente, o *gradualismo* é uma característica importante desse tipo de intervenção. De resto, tanto no caso das intervenções estruturadas como no caso das soluções "caseiras", uma estratégia de pequenos passos, realizados, porém, com empenho e constância, parece oferecer as melhores perspectivas de sucesso: as dificuldades que devem, de vez em quando, ser superadas não são invencíveis, e os sucessos específicos, por mais modestos que possam ser, têm efeito encorajador e tranqüilizador. Com freqüência os "sós" fazem justamente o oposto: tentam enfrentar todo o "emaranhado" dos próprios problemas, e assim são vencidos por eles; ou, então, vão ao encontro do obstáculo mais difícil. O exemplo típico é o de quem se concentra na necessidade insatisfeita de uma relação sentimental, quando deve ainda resolver grandes problemas de timidez e ansiedade social generalizada. Para concluir, eis um conselho simples, mas sábio, que alguns rapazes tímidos dão via internet a um outro tímido, preocupado porque não consegue "enlaçar" uma moça:

> Não tenho dúvida de que você gostaria de ter uma moça do seu lado e que, com isso, se sentiria mais seguro. Mas não queira concentrar tudo em cima disso; procure estar bem com os outros, não ter medo dos outros; procure, devagar, inserir-se em algum grupo...
>
> Seguramente, paquerar na rua não é a melhor solução (mas acredito que não é para ninguém, nem mesmo para quem não é tímido). Em geral, as pessoas se conhecem freqüentando lugares como um clube ou, então, inscrevendo-se em um curso (existem muitos cursos para se participar, por exemplo, algum *hobby*) ou, então, nunca pensou em fazer ioga? Em suma, todos os lugares onde você está regularmente com as pessoas. Talvez você encontre alguém com quem se dê bem. Você deve colocar um pouco de empenho e ter coragem para começar. [...] Se ficar em casa ninguém vai saber que você existe.
>
> Antes de ter uma garota você precisa estar bem consigo mesmo: eu lhe garanto! No dia em que você tiver confiança em si mesmo vai descobrir quanto é natural ter uma mulher. Não pense em sexo. [...] Ele também virá como conseqüência, de modo totalmente natural. Como encontrar segurança em si mesmo: por exemplo... não fique tão aflito (não pense em ter uma garota logo, à força); pense naquilo que deve fazer (estudar, trabalhar...) e concentre-se nisso. Tente dar o máximo de si em sua área, especialize-se em alguma coisa, torne-se um *expert* em algo: você vai encontrar muita segurança em si mesmo. Eu lhe garanto: funciona! Para exercitar-se em falar com as moças tente "teclar" [...] tente abrir-se o máximo possível com suas amigas de *chat*, treine seu senso de humor e procure "tirar" alguma informação com as moças que você conhece... Experimente, tenha coragem! Talvez vá mal uma vez, mas na segunda irá muito melhor [...]. Estou convencido de que você é um cara esperto que pode agradar muito às garotas; e, depois, os tímidos têm uma arma a mais que os outros rapazes: sabem

ser mais sensíveis e isso agrada tremendamente às moças, porque as faz sentirem-se à vontade. Uma coisa: mandar mensagens neste novo grupo não é inútil. Quem chega até aqui certamente é um tímido, mas experimente você também responder ao problema de alguém; ou responder àquela pessoa poderá fazê-lo encontrar, talvez, uma resposta e um encorajamento para si mesmo.

CAPÍTULO VII
Entre a necessidade dos outros e a necessidade de si mesmo

Quanto mais se explora a solidão, consideram-se as suas várias formas e se buscam as suas causas e conseqüências, mais emerge, com muita força, a grande importância dos outros e a nossa necessidade de afeição, comunicação, intimidade, participação, consideração e partilha. Ter contatos e sentir-se em contato, estreitar laços e sentir-se unido ao outro são necessidades tão intensas, profundas e apaixonantes que trazem à mente os antigos mitos que falam de uma fusão original em uma "entidade" única, e do seu posterior, culpável e doloroso desmembramento. E, talvez, apesar das afirmações de muitos filósofos e sábios, essa necessidade de fusão não seja irrealizável a *priori*, pelo menos em determinados (e impagáveis) momentos de graça. Como diz Keats em uma poesia muito delicada, "[...] a doce conversa de uma mente inocente, quando as palavras são imagens de pensamentos delicados, é o prazer da minha alma. O homem é quase como um deus quando com um espírito afim habita em ti". O próprio T. S. Eliot, que tão freqüentemente cantou a desolação da solidão, em uma de suas últimas poesias oferece à esposa uma dedicatória que é um hino à união entre duas pessoas:

> Uma dedicatória a minha mulher
> a quem devo a alegria palpitante
> que mantém acordados os meus sentidos na vigília,
> e o ritmo que governa o repouso no sono,
> a respiração comum
> de dois que se amam, e os corpos
> perfumam, um do outro,
> que pensam iguais pensamentos
> e não precisam de palavras
> e sussurram palavras iguais
> que não precisam de significado.

> O vento irritadiço do inverno não poderá gelar
> o rude sol do trópico nunca poderá secar as rosas
> no jardim de rosas que é nosso, somente nosso.
>
> Esta dedicatória foi escrita para que outros a leiam:
> são palavras particulares que eu te dedico em público.

No entanto, exatamente a análise do sentimento de solidão e de algumas de suas causas indica que a necessidade e a busca dos outros, para conseguir o êxito desejado, deve satisfazer algumas condições importantes.

1. Como buscar os outros?

Os outros não são buscados à custa da "perda" de nós mesmos, isto é, à custa de encontrarmos uma identidade unicamente enquanto reflexos nos seus "espelhos", e de adquirirmos consistência e valor somente por aquilo que os outros vêem, avaliam e amam em nós. De outro modo, estaremos destinados ao fracasso: nossos contatos e relacionamentos serão minados, desde o início, por uma tensão, uma ansiedade e um sentimento de falsidade e inautenticidade que estão entre as causas mais profundas de solidão: "Não sou aquele que os outros amam, buscam, estimam"; "Se me mostrasse como sou realmente, não seria compreendido, apreciado, desejado"; "Mas como sou *realmente*?".

Além disso, olhando bem, este tipo de orientação para os outros não tem muito de *social* no sentido mais rico e positivo do termo. Há algo de viciado e perigoso em atribuir aos outros o papel de *meios* para adquirir nossa identidade e consistência ou para demonstrar a nós mesmos que temos valor. Os outros "servem" também para isso. Mas o vício está em servir-se deles única ou especialmente com tal finalidade. Quantas relações de amizade e de amor são motivadas pela necessidade de cada um demonstrar para si mesmo e para o "mundo" que é agradável, apreciável ou amável. Se buscamos os outros somente para ter *provas* de nossa amabilidade, mais do que para uma real atenção ou interesse por eles, eles irão se sentir usados, porque, no fundo, não nos interessa o seu bem-estar, mas somente o nosso. Conseqüentemente, também o nosso bem-estar é posto em risco, pelo menos por dois motivos: um, mais óbvio, é o fato de que a relação está fundada em bases perigosas, porque pelo menos um dos dois não se sente realmente considerado e amado; o outro motivo, ao contrário, consiste em ter feito coincidir o nosso bem-estar com a satisfação de nossas exigências de identidade, avaliação social e boa auto-estima. Embora importantíssimas, essas coisas não são suficientes, pois deixam insatisfeita justamente aquela necessidade de *partilha* que nos motivou. Para uma real partilha, é essencial a reciprocidade; para ser recompensado por um relacionamento, é preciso dar alguma coisa de si mesmo, além de receber. Afinal, parece, a reciprocidade não é somente um valor social e moral, mas também uma carência psicológica. Se alguém se coloca no centro da cena e considera os outros somente como meios para a própria "realização", não poderá dar muito de autêntico, porque não é levado por um real interesse por eles e não presta realmente atenção às suas necessidades. Não podendo dar alguma coisa de si mesmo, não sentirá uma verdadeira partilha. E estará só.

Entre os filmes que hoje tocam no tema da solidão, *Beleza americana* expressa com particular eficácia o tormento dessa busca errada dos outros; fá-lo com crueza e ironia, e junto com compreensão e talvez também um fio de esperança. E insiste em um ponto crucial: para conseguirmos nos comunicar e partilharmos realmente com os outros, devemos reconhecer-nos além do que eles vêem em nós e tentar conhecê-los além do modo como se mostram.

Certamente, conhecer e compreender os outros não é um empreendimento fácil, se é verdade que cada um está, de alguma forma, isolado em sua "gaiola de ouro", como dizia Howard, e que a comunicação e a partilha são dificultadas por tantos filtros e máscaras de ficção. No entanto, justamente a solidão que resulta dessa incomunicabilidade oferece, paradoxalmente, também uma chave para encontrar um ponto de encontro. Porque nos mostra que existe uma afinidade fundamental entre nós e os outros, que consiste na verdade nessa misteriosa aspiração (em geral frustrada) à união e à partilha. Afinal, se é verdade que somos "estrangeiros" uns aos outros, também é verdade que somos "irmãos", reunidos exatamente pela necessidade de partilha e pela solidão. Talvez para alguns estas considerações possam parecer muito "filosóficas" e de pouca utilidade prática. Mas não é bem assim, quando se pensa que certa cota do sofrimento de quem se sente só tem a ver com a convicção, latente ou explícita, de ser "único" em seu sofrimento e, portanto, de ser "só" até nisso. Compreender que as coisas não são assim é, para ele, um passo importante, porque alivia seu fardo de sofrimento, e lhe dá ainda mais coragem para ousar abordagens, para "se descobrir" com alguém, na confiança ou na esperança de encontrar aquela compreensão que nasce de um destino comum. Há uma passagem de *Of time and the river* [Sobre o tempo e o rio],[1] de Thomas Wolfe, que vale a pena citar por inteiro, porque expressa justamente esse sentimento de "fraternidade entre estrangeiros", que a irmã Helen, em seus pensamentos noturnos "de solidão", percebe como uma revelação improvisa:

> Muitas cenas desta vida passada lhe brilharam agora na mente, enquanto estava lá na escuridão, e todas pareciam grotescas, casuais e erradas, insensatas como qualquer coisa na vida. E, invadida por um atônito, mudo sentimento de desespero e por um terror inominável, ouviu novamente, de alguma parte na noite, o som de um trem, e pensou: "Meu Deus! Meu Deus! O que é a vida? Estamos todos aqui, atirados na escuridão, em dez mil pequenas cidades, olhando, escutando, esperando o quê?". E, de repente, com a sensação de uma revelação terrível, viu a bizarria e o mistério da vida humana; percebeu perto de si, na escuridão, a presença de dez mil pessoas, cada uma deitada em seu leito, nua e sozinha, unida no coração da noite e da escuridão, e na escuta, como ela, dos sons do silêncio e do sono. E, de súbito, pareceu-lhe conhecer todos aqueles solitários, estranhos, desconhecidos que observavam a noite; pareceu-lhe falar com eles e que eles lhe falavam, através dos territórios do sono, como nunca tinham feito antes; pareceu-lhe conhecer agora os homens

---

[1] Scribner Books, 1999.

em toda a sua escura e nua solidão, sem falsidade e sem ostentação, como nunca os conhecera. E lhe pareceu que se somente houvessem escutado na escuridão e tivessem transmitido a linguagem do seu espírito nu somente através do silêncio da noite, todo erro, falsidade e confusão das suas vidas haveriam se dissipado, não teriam sido mais estranhos, e cada um haveria encontrado a vida que procurava e que nunca ainda encontrara. "Se ao menos pudéssemos!", pensou, "Se ao menos pudéssemos!".

2. Saber estar só para estar bem com os outros

Uma outra indicação geral que emerge do exame da solidão é a importância de *saber estar só*, sem temer nem evitar o isolamento físico como se fosse o pior dos males ou um sinal terrível da nossa falência social ou afetiva. Naturalmente, esse isolamento não deve nascer de uma *rejeição* dos outros, seja ele motivado pelo medo ou pela hostilidade. De outro modo, levaríamos atrás de nós todos os temores, preocupações e rancores incubados em nossa vida social. E, em todo caso, quem se mantém longe dos outros por medo de ter frustrações, ou por um sentimento de ofensa ou desilusão, fecha-se em um isolamento que dificilmente terá um papel construtivo, útil para o melhoramento de seus relacionamentos. Ou melhor, encaminha-se por uma estrada duríssima: a de excluir os outros de sua vida e, portanto, de "amputar" aquela parte de si mesmo que consiste em suas inalienáveis necessidades de afeição e pertença. É uma escolha que, nas suas formas extremas, lembra aquela típica escolha da personalidade que os clínicos chamam "esquizóide": fuga dos contatos, grande afastamento dos outros, auto-suficiência e aparente indiferença nos seus relacionamentos, junto com um profundo sentimento de frustração e com uma grande necessidade inconfessa de afeto.

O isolamento, ao contrário, é acolhido, ou mesmo, ativamente procurado, para recuperar energias, refletir e, por assim dizer, "escutar a si mesmo", isto é, deixar emergir os próprios pensamentos, sentimentos e desejos, livres das distrações e das inevitáveis deformações que sofrem na presença de outros. Então, torna-se uma ocasião para adquirir e consolidar uma identidade e uma "consistência" que darão segurança e serenidade, e serão preciosas nos relacionamentos com os outros. Como indica também a terapia cognitiva descrita no capítulo anterior, para conseguir ter relacionamentos satisfatórios é preciso antes aprender a estar só. O refrão da canção de Gaber, *La solitudine* (cf. Cap. II), reforça esta verdade: "A solidão não é absolutamente uma loucura, é indispensável para estar bem, em companhia". Diversamente, nos relacionamentos se está sujeito a ser muito dependente e opressor, muito ansioso e necessitado de contatos e de provas afetivas. Além disso, ao evitar o isolamento e reduzir, portanto, as ocasiões de "diálogo" interior, corre-se o risco de ter de si mesmo um conhecimento superficial, ou, de alguma forma, parcial e socialmente condicionado. Com estas premissas, também o diálogo com os outros se fundamenta em bases pouco sólidas, tornando improvável uma comunicação profunda e autêntica. Como afirma sinteticamente Louis Lavelle, um filósofo contemporâneo, "não é rompendo a solidão, mas aprofundando-a, que os seres se tornam capazes de se comunicar". Ranier Maria Rilke expressa com grande sensibilidade o mesmo conceito em uma de suas cartas, colocando em relação a capacidade de estar só — e, portanto, encontrar uma identidade, "tornar-se alguma coisa em si" e "amadurecer" — e a capacidade de amar; suas reflexões, embora se refiram particularmente aos jovens, aplicam-se, de fato, a pessoas de qualquer idade:

> Sabemos pouco, mas saber que nos devemos ater ao difícil é uma certeza que não nos abandonará; é bom estar só porque a solidão é difícil; caso alguma coisa seja difícil deve ser uma razão a mais para fazê-la. Também amar é bom: porque o amor é difícil. [...] Por isso, os jovens, que são principiantes em tudo, ainda não sabem amar: devem aprender. Com todo o ser, com todas as forças, recolhidos em torno de seu coração solitário e angustiado, que impulsiona para o alto, devem aprender a amar. Mas o tempo de aprender é sempre um tempo muito longo, de clausura, e, assim, amar, por um espaço longo e amplo, até dentro do coração da vida, é solidão, mais intensa e aprofundada solidão para aquele que ama. Amar, antes de tudo, não quer dizer entreabrir-se, dar-se e unir-se com um outro (que seria realmente a união

de um elemento indistinto, imaturo, não ainda livre?); amar é uma augusta ocasião para o indivíduo amadurecer, tornar-se em si alguma coisa. [...] Nisto, porém, os jovens erram tão freqüente e gravemente: eles (cuja natureza é de não ter qualquer paciência) se atiram um contra o outro, quando o amor os assalta, se expandem, como são, em toda a sua perturbação, desordem, confusão. [...] Mas o que deve ainda acontecer? O que deve fazer a vida desse cúmulo de cacos, que eles chamam a sua comunhão e que eles chamariam, de boa mente, a sua felicidade e seu futuro? Então, cada um se perde pelo outro e perde o outro e muitos outros, que ainda queriam vir.

Como sabemos, é mais fácil atribuir ao isolamento um papel positivo e construtivo quando nós o escolhemos, e quando somos livres para dele sair logo que nos vem o desejo de contatos sociais. Quando, no entanto, o isolamento não depende de nossa vontade, mas é induzido pelas circunstâncias, sua valência negativa costuma se impor com prepotência, porque as interpretações "auto-avaliativas" estão sempre de tocaia: "Se estou só *quer dizer que* não sou suficientemente atraente, influente, amável". Daqui, é fácil se precipitar em um estado de intolerância ou desmotivação, desânimo e depressão, que tiram imediatamente o valor deste tempo que deve ser passado a sós e de qualquer atividade com a qual deve ser ocupado. Também nesses casos mais difíceis, nos quais o isolamento costuma casar-se automaticamente com o sentimento de solidão, é possível fazer um esforço de "reconversão", voltando a lhe atribuir o papel de uma ocasião para estar consigo mesmo. Para conseguir isto, é preciso, antes de tudo, colocar em discussão os preconceitos e os estereótipos culturais que levam a considerar a solidão física como uma condição em si mesma negativa (estéril, deprimente, anti-social, e assim por diante), e, portanto, que deve ser temida e evitada. O segundo passo é o de evitar saltar automaticamente para a conclusão dramática de que nos encontramos sós porque somos "indesejáveis". Isto não significa evitar interrogar-se sobre as causas do nosso isolamento. Significa mais dispor-se a uma introspecção cuidadosa e o mais serena possível dos nossos desejos e estados de alma, das nossas expectativas, desilusões e interpretações, inclusive aquelas relativas às causas do isolamento. E se, depois desse exame, nos parecer que realmente a nossa solidão é a conseqüência de uma rejeição social, um posterior passo importante consistirá em não estancar nesta conclusão tão "monolítica" e paralisante, mas em procurar compreender o que nossa postura ou comportamento afasta os outros (por exemplo, uma disposição hostil, competitiva ou desconfiada) ou não os aproxima de nós (timidez, passividade, dificuldade de comunicação).

2.1. A necessidade de estar só

As observações feitas anteriormente sublinham, sobretudo, o papel positivo do isolamento *para melhorar nossos relacionamentos* afetivos e sociais: como dissemos, saber estar só nos ajuda a estar melhor com os outros e, portanto, a eliminar ou reduzir o sentimento de solidão causado por relacionamentos insatisfatórios. Mas talvez as vantagens do "bom" isolamento não parem por aí, porque o sentimento de solidão não depende *exclusivamente* dos nossos relacionamentos com os outros. É verdade que uma classe muito ampla de problemas — divórcios, lutos, traições, amizades superficiais, dificuldades de comunicação — lembra, em primeira mão, os relacionamentos afetivos e sociais, e, conseqüentemente, é sobre esses problemas relacionais que deverão ser focalizadas e afinadas as estratégias de intervenção para resolvê-los. Sabemos, no entanto, que existe também uma solidão "existencial", que gira em torno de problemas de identidade e estranheza de si: "Não sou como gostaria/deveria ser"; "Traí a mim mesmo"; "Não me reconheço, não sei mais quem sou". Nesses casos, o âmago do problema não é o relacionamento com os outros, mas o relacionamento consigo mesmo: um relacionamento que se deteriorou ou nunca foi autêntico. Os relacionamentos sociais insatisfatórios com os outros são apenas uma conseqüência disso.

Não se deve, então, descartar a hipótese de que estar só, além de ser um meio útil para estar melhor com os outros, é também uma necessidade em si. Se fosse assim, poderia existir um sentimento de solidão especial que marca justamente a frustração *dessa* necessidade. Uma necessidade de contato e de diálogo consigo mesmo, um isolamento construtivo que, exceção feita a poucos indivíduos "particulares", como os exploradores ou os eremitas, é certamente muito descuidado e desconhecido, por causa tanto dos preconceitos culturais como da ênfase, às vezes extrema e, de alguma forma, unilateral, colocada pelas mesmas ciências sociais sobre as necessidades de afeição e de pertença.

A necessidade de isolamento poderia ser tão fundamental quanto a de contato e afeição, igualmente necessária para o desenvolvimento e o crescimento pessoal. Sêneca afirmava que "a solidão é para o espírito o que o alimento é para o corpo". Se uma idéia como esta é mais do que nova para a filosofia ou para a literatura, a psicologia e a pedagogia são mais marcadamente inclinadas para a "sociabilidade" e suspeitam das relações que necessitam de isolamento, temido como sinal de pouca integração, desadaptação e distúrbio mental. No entanto, também no âmbito psicológico, existe alguma voz respeitável que vê na tendência a procurar o isolamento e na capacidade de gozar dele caracteres distintivos da pessoa bem-adaptada. Maslow, por exemplo, grande psicólogo da personalidade, indicava a necessidade de privacidade e o prazer de estar só entre as características dos "auto-realizados", isto é, daquelas pessoas, exemplares do lado da saúde psíquica, que conseguem expressar e desenvolver ao máximo suas potencialidades. Winnicott, grande psicanalista infantil, estava convencido da importância da capacidade de isolamento para um correto desenvolvimento da criança e, particularmente, para a aquisição da autonomia. Mais recentemente, Anthony Storr, outro prestigiado psicanalista inglês, contestando a tendência comum a idealizar as capacidades relacionais e a considerar o sucesso nos relacionamentos afetivos e sociais como sinal distintivo da saúde e do bem-estar psicológico, ressaltou o valor do isolamento: o "retorno a si mesmo" permite o diálogo interior e a consciência das próprias necessidades, condições necessárias para a própria "realização". Afinal, trata-se de uma "introversão" no sentido mais construtivo do termo, que, como relevou recentemente Fernando Dogana, não apresenta implicações patológicas, e, até, "acompanhando-se de aspectos positivos, como a consciência (constância, cuidado, confiabilidade etc.) e a abertura mental (reflexão, atualização, criatividade etc.), parece ser expressão de um forte interesse pela interioridade e pelo relacionamento profundo consigo mesmo".

    Se é verdade que a necessidade de isolamento, há muito tempo traída ou descuidada, reclama ser satisfeita, e sua frustração induz a um particular e inefável sentimento de solidão, então é duplamente necessário aprender (ou reaprender) a estar só. E, de fato, começa a ganhar terreno a idéia de que, ao lado das habilidades "sociais", deveriam ser ensinadas também as "solitárias", bem mais ignoradas que as primeiras. Não conseguir dialogar consigo mesmo, observou o filósofo Eric Hoffer, "é o fim do pensamento autêntico e o início do sentimento de solidão definitivo. O que deve ser notado é que a cessação do diálogo interior marca também o fim do nosso interesse pelo mundo que nos rodeia".

NOTA BIBLIOGRÁFICA

Propomos aqui uma série de referências úteis para o aprofundamento de muitos dos assuntos tratados.
Solidão: condição universal ou epidemia contemporânea?
Um clássico sobre a universalidade da solidão, que vai da psicologia à filosofia e à literatura, é o livro de Bem Lazare Mijuskovic, *Loneliness in philosophy, psychology, and literature* (Assen, Van Gorcum, 1979). Sobre a solidão existencial como parte inevitável da experiência humana e como condição para a evolução pessoal, pode-se ver o livro de Clark Moustakas, *Loneliness* (New York, Prentice Hall, 1961). No âmbito mais especificamente filosófico, Carlo Carrara, em *La solitudine nelle filosofie dell'esistenza* (Milano, Angeli, 2000), discute a concepção da solidão de dez grandes pensadores modernos (Kierkegaard, Nietzsche, Unamuno, Heidegger, Jaspers, Sartre, Camus, Marcel, Berdjaev e Abbagnano).

Dos clássicos da sociologia destinados a identificar fatores culturais que incidem sobre a solidão contemporânea, são famosos os livros de David Riesman, *A multidão solitária* (São Paulo, Perspectiva, 1995), que enfatiza o caráter heterodirigido e inautêntico do homem contemporâneo, e de Philip Slater, *The pursuit of loneliness: American culture at the breaking point* (Boston, Beacon Press, 1970), que analisa os males da cultura ocidental à luz de seus valores individualistas e competitivos. No mesmo caminho coloca-se a obra recente de Zygmunt Bauman, *La solitudine del cittadino globale* (Milano, Feltrinelli, 2000), com sua crítica aguda ao liberalismo contemporâneo.

O ensaio de James Hillman, *O código do ser* (Rio de Janeiro, Objetiva, 1997), embora não trate da solidão como tema dominante, é, de alguma forma, rico em detalhes importantes, centrado como é sobre o papel crucial das "vozes" interiores, que guiam e explicam nossas escolhas mais profundas. Também o livro de Salvatore Veca, *La penultima parola e altri enigmi. Questioni di filosofia* (Roma-Bari, Laterza, 2001), toca em alguns aspectos relevantes, sobretudo na última parte, que versa sobre o sofrimento da solidão involuntária e a frustração das necessidades de partilha e projeção socialmente compartilhada.

Estar só e sentir-se só. São antes de tudo citadas as primeiras análises do sentimento de solidão realizadas no âmbito clínico, por Harry Stack Sullivan, em *The interpersonal theory of psychiatry* (New York, Norton, 1953), e por Frieda Fromm-Reichmann, com o artigo "Loneliness" (in: *Psychiatry*, 22, pp. 1-15, 1959). No âmbito psicossocial é um marco memorável o livro de Robert Weiss, *Loneliness: The experience of emotional and social isolation* (Cambridge, Mass., The Mit Press, 1973), que tem o mérito de haver distinguido claramente entre solidão física e sentimento de solidão, de ter identificado neste último um tema de interesse central para as ciências sociais e de haver tentado tratar sistematicamente do assunto.

Merece menção, também, um artigo pouco conhecido de Rubin Gotesky, "Aloneness, loneliness, isolation, solitude" (in: *An invitation to phenomenology: studies in the philosophy of experience*, organizado por J. Edie, Chicago, Quadrangle Books, 1965), que separa diversos tipos de solidão, evidenciando, entre outras coisas, a neutralidade da condição de isolamento físico (*aloneness*), a qualidade psicológica do sentimento de solidão (*loneliness*) e alguns estados de bem-estar psicológico experimentados durante o isolamento físico (solidão).

Entre os artigos que exploram os limites e as oportunidades oferecidas pelo tempo passado em isolamento, um dos mais completos é o de Reed Larson, Mihaly Csikszentmihalyi e Ronald Graef, "Time alone in daily experience: Loneliness or renewal?" (in: *Loneliness: a sourcebook of current theory, research, and therapy*, organizado por L. A. Peplau e D. Perlman, New York, Wiley, 1982). Sobre a terapia Rest é útil fazer uma referência ao trabalho de um dos seus principais idealizadores, Peter Suedfeld, *Restricted environmental stimulation: Research and clinical applications* (New York, Wiley, 1980).

Finalmente, sobre as emoções e os estados de alma que caracterizam o sentimento de solidão, destaca-se a contribuição de Carin Rubenstein, Phillip Shaver e L. Anne Peplau, "Loneliness" (in: *Human Nature*, 2, pp. 58-65, 1979).

Fatores objetivos: gênero, estado civil, idade. Sobre as relações entre marginalização social e solidão, o livro de Tahar Bem Jelloun, *L'estrema solitudine* (Milano, Bompiani, 1999), oferece um quadro dramático dos problemas relacionais, sexuais e de identidade dos imigrados norte-africanos. Quanto à percepção social da homossexualidade e sobre os problemas de marginalização dos homossexuais, particularmente na Itália, é útil consultar o relatório do Eurispes, sob a direção de Crescenzo Fiore, *Il sorriso di Afrodite. Rapporto sulla condizione omosessuale in Italia* (Firenze, Vallecchi, 1991).

Um artigo que mostra a ausência de diferenças substanciais entre o sentimento de solidão masculino e feminino e, simultaneamente, evidencia como as aparentes diferenças são relacionadas com o tipo de formulação, mais ou menos explícita, das perguntas dirigidas aos sujeitos entrevistados, é o de S. Borys, D. Perlman e S. Goldenberg, "Gender differences in loneliness" (in: *Personality and Social Psychology Bulletin*, 11, pp. 63-76, 1985).

Sobre os benefícios do casamento para o bem-estar físico e psicológico, o artigo de Robert Coombs, "Marital status and personal wellbeing: A literature review" (in: *Family Relations*, 40, pp. 97-102, 1991), oferece um resumo das pesquisas realizadas desde a década de 1930 até nossos dias. As diferenças entre casamento e convivência são bem ilustradas no artigo de Jan Stets, "The link between past and present intimate relationships" (in: *Journal of Family Issues*, 14, pp. 236-260, 1993), que mostra tanto a inferioridade qualitativa como a maior instabilidade das relações de convivência. Também o artigo de Elizabeth Thomson e Ugo Colella, "Cohabitation and marital stability: Quality or commitment?" (in: *Journal of Marriage and the Family*, 54, pp. 259-267, 1992), sublinha como a convivência anterior ao casamento aumenta a possibilidade de divórcio. Sobre a menor solidão dos casados em relação aos não-casados (solteiros, divorciados, separados e viúvos), pode-se ver o artigo de Randy Page e Galen Cole, "Demographic predictors of self reported loneliness in adults" (in: *Psychological* Reports, 68, pp. 939-945, 1991). O livro de Dan Kiley, *Vida a dois, vida solitária* (Rio de Janeiro, Rocco, 1992), examina as características da solidão matrimonial, relacionando-a à crise dos papéis e das expectativas recíprocas. Também o artigo de Ami Rokach, "Loneliness in singlehood and marriage" (in: *Psychology: A Journal of Human Behavior*, 35, pp. 2-17, 1998), explora os componentes da solidão no casamento e os confronta com os da solidão dos solteiros, como também a dos viúvos e divorciados. Sobre a maior solidão dos viúvos e divorciados em relação tanto aos casados como aos solteiros, é citado o livro de

Carin Rubenstein e Phillip Shaver, *In search of intimacy* (New York, Delacorte Press, 1982), que evidencia a maior gravidade da perda de uma relação afetiva em relação à sua simples falta. Sempre sobre os solteiros e sobre suas novas formas de solidão, particularmente na Itália, é interessante o relatório Eurispes, *I singles in Italia. Profilo socio culturale*, dirigido por Antonio Longo.

Um clássico sobre o luto, acerca de seus efeitos sobre a saúde física e mental e sobre as reações emotivas e comportamentais que o caracterizam, é o livro de Colin Murray Parkes, *O luto* (São Paulo, Summus, 1998). Outro mais recente que reúne as contribuições de um grande número de especialistas sobre o assunto e examina o fenômeno em diversas perspectivas é o *Handbook of bereavement*, organizado por Margaret Stroebe, Wolfgang Stroebe e Robert Hansson (Cambridge, Cambridge University Press, 1993). Destaca-se também o trabalho de Helena Lopata, *Current widowhood: myths and realities* (Thousand Oaks, Sage, 1996), que, há trinta anos, se dedica ao estudo da viuvez e das formas de solidão que a acompanham.

Passando para a relação entre idade e solidão, uma apresentação que examina as relações entre crianças e a ligação entre rejeição social e sentimento de solidão é oferecida por S. R. Asher, J. T. Parkhurst, S. Hymel e G. A. Williams, "Peer rejection and loneliness in childhood" (in: *Peer rejection in childhood*, dirigido por S. R. Asher e J. D. Coie, Cambridge, Cambridge University Press, 1990). Também o artigo de Jude Cassidy e Steven Asher, "Loneliness and peer relations in young children" (in: *Child Development*, 63, pp. 350-365, 1992), aborda os mesmos temas, explorando, porém, uma faixa etária mais precoce, entre os 5 e os 8 anos. A relação entre o fenômeno da vitimização e o sentimento de solidão infantil é discutida no artigo de Becky Kochenderfen-Ladd e James Wardrop, "Chronicity and instability of children's peer victimization experiences as predictors of loneliness and social satisfaction trajectories" (in: *Child Development*, 72, pp. 134-151, 2001).

A forte relação entre adolescência e solidão é examinada por Rubenstein e Shaver, no já citado *In search of intimacy*, como também por Tim Brennan no artigo "Loneliness at adolescence" (in: *Loneliness: a sourcebook*, op. cit.) e no de Luc Goossens e Alfons Marcoen, "Relationships during adolescence: Constructive vs. negative themes and relational dissatisfaction" (in: *Journal of Adolescence*, 22, pp. 65-79, 1999), que evidenciam o laço estreito entre as mudanças relacionais, a busca de identidade e o sentimento de solidão da adolescência. Mais geral, um livro recente que reúne várias contribuições sobre a solidão na adolescência e na infância é o organizado por Ken Rotenberg e Shelley Hymel, *Loneliness in childhood and adolescence* (Cambridge, Cambridge University Press, 1999).

Entre os numerosíssimos estudos sobre a solidão da terceira (ou quarta) idade, destacamos o artigo de Bronwyn Fees, Peter Martin e Leonard Poon, "A model of loneliness in older adults" (in: *Journal of Gerontology*, 54b, pp. 231-239, 1999), como também o de Daniel Russell, Carolyn Cutrona e Robert Wallace, "Loneliness and nursing home admission among rural older adults" (in: *Psychology and Aging*, 12, pp. 574-589, 1997), que examinam o papel da solidão na facilitação do declínio físico e psicológico dos idosos e o conseqüente recolhimento em hospitais. Entre os trabalhos em italiano, o artigo de Emanuela Mora, "Anziani tra protagonismo sociale e povertà relazionale" (in: *Anziani e povertà a Milano,* organizado por M. Ambrosini, Milano, Vita e Pensiero, 1995), oferece um quadro da complexidade da "condição do idoso". Finalmente, Marilyn Essex e Sunghee Nam, no artigo "Marital status and loneliness among older women: the differential importance of close family and friends" (in: *Journal of Marriage and the Family*, 49, pp. 93-106, 1987), exploram as diferenças quantitativas e qualitativas do sentimento de solidão entre mulheres idosas casadas, viúvas, divorciadas e solteiras.

Sobre a competência social e a relação entre comportamento social e solidão, duas referências importantes são o artigo de Warren Jones, "Loneliness and social behavior" (in: *Loneliness: a sourcebook*, op. cit.), e o de Chris Segrin, "Interpersonal communication problems associated with depression and loneliness" (in: *Handbook of communication and emotion*, organizado por P. A. Anderson e L. K. Guerrero, San Diego, Academic Press, 1998).

Fatores subjetivos: entre as necessidades sociais e as interpretações pessoais. A análise das necessidades relacionais fundamentais de afeição e de pertença e do sentimento de solidão implicado por sua frustração é uma contribuição crucial de Weiss, no já citado *Loneliness*, como também a conseqüente distinção entre solidão afetiva e solidão social. Entre os trabalhos mais recentes que confirmam a validade da distinção entre as duas formas de solidão, é citado o artigo de Wolfgang Stroebe, Margaret Stroebe, Georgios Abakoumkin e Henk Schut, "The role of loneliness and social support in adjustment to loss: a test of attachment versus stress theory" (in: *Journal of Personality and Social Psychology*, 70, pp. 1241-1249, 1996). Sobre a necessidade de afeição e sua função, é obrigatória a referência ao trabalho fundamental de John Bowlby, com a trilogia *Attaccamento e perdita* (Torino, Boringhieri, 1972-83).

Quanto à necessidade de pertença e sua importância para o bem-estar físico e psicológico e a boa adaptação, basta citar a rica resenha de Roy Baumeister e Mark Leary, "The need to belong: Desire for interpersonal attachments as a fundamental human motivation" (in: *Psychology Bulletin*, 117, pp. 497-529, 1995), que examina uma grande variedade de estudos que testemunham o forte impacto da necessidade de pertença sobre processos cognitivos, reações emotivas e o comportamento social.

Sobre a intimidade e suas relações com a afeição, a expressão e a "auto-revelação", há um artigo rico e atualizado, escrito por Harry Reis e Brian Patrick, "Attachment and intimacy: component processes" (in: *Social psychology: handbook of basic principles*, organizado por E. T. Higgins e A. Kruglanski, New York, Guilford Press, 1996). A necessidade de comunicação e de confidências sobre si (*self-disclosure*) e sua relação com o sentimento de solidão é esboçado por Valerian Derlega, Sandra Metts, Sandra Petronio e Stephen Margulis, no livro *Self-disclosure* (Newbury Park, Sage, 1993). Sempre sobre a auto-revelação, particularmente das próprias emoções, e sobre a importância que tem para o bem-estar físico e psicológico, é interessante o trabalho de James Pennebaker, *Opening up: the healing power of expressing emotions* (New York, Guilford Press, 1997).

A abordagem da solidão em termos de discrepância entre as relações afetivas e sociais desejadas (tanto no número como na qualidade) e as conseguidas encontra nos estudos de L. Anne Peplau e colaboradores um de seus representantes mais significativos. Particularmente, o trabalho de Daniel Perlman e L. Anne Peplau, "Toward a social psychology of loneliness" (in: *Personal relationship. 3: Personal relationships in disorder*, organizado por S. Duck e R. Gilmour, New York, Academic Press, 1981), apresenta os conceitos teóricos de referência, enquanto uma outra contribuição de

L. Anne Peplau, Daniel Russell e Margaret Heim, "The experience of loneliness" (in: *New approaches to social problems: applications of attribution theory*, organizado por I. H. Frieze, D. Bar-Tal e J. S. Carroll, San Francisco, Jossey-Bass, 1979), mostra a aplicabilidade dos modelos de atribuição ao estudo da solidão entendida como uma falência no campo relacional. Sempre no âmbito das abordagens de atribuição à solidão, o artigo de Peter Lunt, "The perceived causal structure of loneliness" (in: *Journal of Personality and Social Psychology*, 61, pp. 26-34, 1991), explora a complexa estrutura de relações causais na base das teorias implícitas que as pessoas comuns têm sobre a solidão.

Solidão, baixa auto-estima e depressão: estradas de mão dupla? Um quadro geral das complexas relações entre solidão e auto-estima é fornecido pelo trabalho de L. Anne Peplau, Maria Miceli e Bruce Morasch, "Loneliness and self-evaluation" (in: *Loneliness: a sourcebook*, op. cit.). Sobre a solidão como sentimento de não-inautenticidade e de "estranheza" de si, uma referência é o trabalho de Carl Rogers, "The loneliness of contemporary man as seen in the 'Case of Ellen West'" (in: *Annals of Psychotherapy*, 1, pp. 22-27, 1961).

São numerosas as pesquisas sobre atribuições típicas das pessoas que manifestam problemas de solidão, isto é, sobre as causas às quais costumam referir suas falências relacionais: trata-se, freqüentemente, de causas internas, estáveis e globais, análogas às identificadas pelas pessoas com baixa auto-estima. Uma resenha útil sobre "estilos de atribuição" dos "sós", como também dos deprimidos e dos tímidos, é a de Craig Anderson e Lynn Arnoult, "Attributional models of depression, loneliness, and shyness" (in: *Attribution: basic issues and applications*, organizado por J. Harvey e G. Weary, San Diego, Academic Press, 1985).

São também muitos os estudos que se concentram no medo da rejeição social e em suas relações com a baixa auto-estima e o sentimento de solidão. Como exemplo, o artigo de Mark Leary, "Making sense of self-esteem" (in: *Current Directions in Psychological Science*, 8, pp. 32-35, 1999), evidencia a relação entre medo da rejeição, baixa auto-estima e depressão, enquanto o de Phillip Shaver e Cindy Hazan, "Being lonely, falling in love: perspectives from attachment theory" (in: *Journal of Social Behavior and Per-

sonality, 2, pp. 105-124, 1987), mostra como as pessoas que têm medo e esperam ser rejeitadas são particularmente vulneráveis à solidão. Também o artigo de Geraldine Downey e Scott Feldman, "Implications of rejection sensitivity for intimate relationships" (in: *Journal of Personality and Social Psychology*, 70, pp. 1327-1343, 1996), mostra a relação entre medo da rejeição e relacionamentos insatisfatórios e precários.

Sobre a solidão como causa de baixa auto-estima, cito o livro de Robert Weiss, *Marital separation* (New York, Basic Books, 1975), que evidencia o impacto da perda de uma relação afetiva sobre o autoconceito, particularmente nos separados e nos divorciados. É importante também o artigo de Phillip Shaver e Carin Rubenstein, "Childhood attachment experience and adult loneliness" (in: *Review of personality and social psychology*, organizado por L. Wheeler, Beverly Hills, Sage, 1980), sobre as crianças que sofrem a perda de um genitor, por morte ou divórcio, e sobre a sua conseqüente baixa auto-estima também na idade adulta, especialmente no caso dos filhos de divorciados.

As afinidades entre solidão e depressão ficam evidentes, além de, na já citada resenha sobre "estilos de atribuição" dos "sós" e deprimidos, também no artigo de Robyn Wiebe e Scott McCabe, "Relationship perfectionism, dysphoria, and hostile interpersonal behaviors" (in: *Journal of Social and Clinical Psychology*, 21, pp. 67-91, 2002), que discute as dificuldades de interação dos deprimidos e coloca em relação com seus altos níveis de aspiração relacional (uma característica que, como sabemos, é partilhada por muitos "sós"). Um artigo de Paula Pietromonaco e Karen Rook, "Decision style in depression: the contribution of perceived risk versus benefit" (in: *Journal of Personality and Social Psychology*, 52, pp. 399-408, 1987), releva a tendência, típica dos deprimidos e dos "sós", a evitar situações que apresentem riscos de rejeição social. Um outro artigo de Karen Rook, Paula Pietromonaco e Megan Lewis, "When are dysphoric individuals distressing to others and vice versa? Effects of friendship, similarity, and interaction task" (in: *Journal of Personality and Social Psychology*, 67, pp. 548-559, 1994), analisando os fatores que concorrem para tornar problemáticos os relacionamentos sociais dos deprimidos, encontra um outro elemento de afinidade com os "sós": os deprimidos, como os "sós", não despertam necessariamente reações negativas nos outros, mas eles próprios manifestam disposições e expectativas negativas.

Quanto aos elementos de distinção entre solidão e depressão, basta mencionar o trabalho de Leonard Horowitz, Rita de S. French e Craig Anderson, "The prototype of a lonely person" (in: *Loneliness: A sourcebook*, op. cit.), no qual se evidencia o caráter mais geral e global da depressão, que geralmente investe contra uma variedade de domínios, enquanto a solidão fica circunscrita aos problemas da área relacional. Outros trabalhos, por exemplo, o já citado artigo de Peplau, Russell e Heim, "The experience of loneliness", mostram, por outro lado, que a solidão não é necessariamente um subaspecto da depressão, porque podemos sentir-nos sozinhos sem estar deprimidos, se não atribuirmos à própria solidão causas imodificáveis.

Como intervir? Um clássico sobre a íntima relação entre solidão e problemas de saúde (física e psicológica) é o famoso livro de James Linch, *The broken heart: the medical consequences of loneliness* (New York, Basic Books, 1979), que afirma que uma variedade de doenças e comportamentos desajustados (suicídio, distúrbios mentais, câncer, tuberculose e, particularmente, doenças cardiovasculares) são fortemente influenciados por problemas de solidão, relevando, portanto, a necessidade de intervenções voltadas à solução ou mitigação do desconforto causado pela falta de relacionamentos satisfatórios.

As estratégias espontâneas para fazer frente à solidão são bem delineadas no livro já citado de Rubenstein e Shaver, *In search of intimacy*, como também, mais recentemente, no artigo de Ami Rokach e Heather Brock, "Coping with loneliness" (*in: Journal of Psychology*, 132, pp. 107-128, 1998). Um artigo interessante de Carolyn Cutrona, "Transition to college: Loneliness and the process of social adjustement" (in: *Loneliness: a sourcebook*, op. cit.), mostra como as dificuldades em superar os problemas de solidão não dependem tanto do uso de determinadas estratégias quanto da atribuição do próprio desconforto a inadequações e incapacidades pessoais imodificáveis.

Internet e realidade virtual são, hoje, temas de grande atualidade, objeto de debate e controvérsias. Entre os numerosos ensaios que enfrentam as complexas problemáticas a respeito, o livro de

Giuseppe Mantovani, *Comunicazione e identità: dalle situazioni quotidiane agli ambienti virtuali* (Bologna, Il Mulino, 1995), examina as características sociais e culturais da realidade virtual, representando-a como um ambiente social alternativo e descrevendo suas novas modalidades de comunicação e elaboração da identidade pessoal. O livro de John Locke, *The de-voicing of society: Why we don't talk to each other anymore* (New York, Simon & Schuster, 1998), denuncia os riscos de despersonalização, desconfiança recíproca e solidão da sociedade contemporânea, causados pelo excesso de informações pelas quais somos bombardeados e pelo uso dos meios de comunicação que eliminam a necessidade de interação face a face. Também Umberto Galimberti, em seu imponente *Psiche e techne* (Milano, Feltrinelli, 1999), alerta contra os riscos da técnica e da tecnologia, cujos relacionamentos com o homem estão, hoje, radicalmente mudados em relação ao passado: de simples meio para os objetivos do homem, a técnica tornou-se fim em si mesma, com preocupantes conseqüências de desindividualização e de subserviência à mesma técnica. Um artigo de Anna Oliverio Ferraris e Giulietta Malavasi, "La maschera dei desideri" (in: *Psicologia Contemporanea*, 166, pp. 30-37, 2001), oferece um panorama vivo dos espaços virtuais criados na internet para interagir e apresentar identidades "possíveis", diferentes daquelas da vida de todos os dias. Finalmente, um número inteiramente dedicado à internet do *Journal of Social Issues* (58, 2002, organizado por Katelyn McKenna e John Bargh), *Consequences of the internet for self and society: Is social life being transformed?*, apresenta uma variedade de artigos que fornecem um quadro atualizado dos estudos e debates acerca do impacto da internet sobre a vida social contemporânea e sobre as recaídas positivas ou negativas, inclusive as pertinentes à solidão e à ansiedade social e às estratégias para superar esses problemas.

Quanto às intervenções estruturadas contra a solidão, o artigo de Karen Rook, "Promoting social bonding: strategies for helping the lonely and socially isolated" (in: *American Psychologist*, 39, pp. 1389-1407, 1984), apresenta um exame equilibrado dos possíveis programas de intervenção, levando em conta tanto causas psicológicas do sentimento de solidão como as ambientais, e indo das intervenções destinadas a promover a formação de relações satisfatórias àquelas orientadas para a prevenção do problema ou de posteriores conseqüências graves. Sobre os riscos implicados pelas tentativas de aplicar as mesmas estratégias de intervenção à solução de problemas diversos, um documento útil é oferecido pelo trabalho de Robert Weiss, "Transition states and other stressful situations: their nature and programs for their management" (in: *Support systems and mutual help: multidisciplinary explorations*, organizado por G. Caplan e M. Killilea, New York, Grune & Stratton, 1976), que coloca em confronto os sucessos de seus seminários para os divorciados com os de seminários análogos dedicados aos viúvos.

Um guia geral (para pais, professores, voluntários e operadores sociossanitários) sobre como oferecer ajuda diante de uma variedade de desconfortos é o manual de Robert Carkhuff, *L'arte di aiutare* (Trento, Erickson, 1988). Sobre a integração entre serviços formais e informais, pode-se ver o livro de Fabio Folgheraiter e Pierpaolo Donati, *Community care: teoria e pratica del lavoro sociale di rete* (Trento, Erickson, 1991). Em relação a alguns riscos implicados pelas intervenções destinadas a modificar as redes de relações sociais, com referência particular aos idosos, é interessante a contribuição de Richard Schulz e Barbara Hanusa, "Long-term effects of control and predictability-enhancing interventions: findings and ethical issues" (in: *Journal of Personality and Social Psychology*, 36, pp. 1194-1201, 1978).

A terapia cognitiva da solidão à qual fizemos referência no capítulo VI é descrita por Jeffrey Young no artigo "Loneliness, depression and cognitive therapy" (in: *Loneliness: A sourcebook*, op. cit.). Finalmente, o artigo de Ami Rokach, "Loneliness and Psychotherapy" (in: Psychology: *A Journal of Human Behavior*, 35, pp. 2-18, 1998), examina, mais no geral, a abordagem psicoterapêutica da solidão.

Entre a necessidade dos outros e a necessidade de si. Entre os psicólogos e os psicanalistas "históricos" que afirmam o valor positivo do isolamento, citamos Donald Winnicott, que no artigo *The capacity to be alone* (in: *International Journal of Psychoanalysis*, 39, pp. 416-420, 1958) identifica na capacidade de estar só uma condição importante para o desenvolvimento da criança, e Abraham Maslow, que no livro *Verso una psicologia dell'essere* (Roma, Astrolabio, 1971) indica a necessidade de isolamento entre as características das pessoas auto-realizadas. O livro de Anthony Storr, *Solidão* (São Paulo, Paulus,1996), insere-se nessa tradição, contestando a desconfiança excessiva mostrada no âmbito psicológico quanto à necessidade de isolamento e à exaltação unilateral dos benefícios da sociabilidade, afirmando o papel positivo do isolamento para retornar a si mesmo, desenvolver a própria criatividade e conhecer as próprias exigências mais autênticas. Também a psicanalista Françoise Dolto, em seu sugestivo *Solitudine felice* (Milano, Mondadori, 1996), propõe uma visão positiva da solidão como viagem à interioridade.

O isolamento físico, sua distinção do sentimento de solidão e sua necessidade para o crescimento pessoal são também objetos do artigo de Ester Buchholz e Rochelle Catton, "Adolescents' perceptions of aloneness and loneliness" (in: *Adolescence*, 34, pp. 203-213, 1999), e do artigo de Mark Davies, "Solitude and loneliness: an integrative view" (in: *Journal of Psychology & Theology*, 24, pp. 3-12, 1996); este último, particularmente, sublinha o papel terapêutico do isolamento diante do sentimento de solidão que nasce da auto-estranheza. O artigo de Fernando Dogana, Laura Tappatà e Sara Felipetti, "Beata solitudo" (in: *Psicologia Contemporanea*, 169, pp. 40-47, 2002), apresenta uma pesquisa interessante destinada a identificar as características das pessoas "solitárias", isto é, inclinadas a buscar o isolamento e a privacidade, e mostra que existe uma forma de "introversão" isenta de conotações negativas e patológicas.

Finalmente, duas pesquisas recentes que exploram diversas faixas da solidão, inclusive o isolamento "bom", são *La solitudine. Forme de un sentimento* (Milano, Angeli, 1995), organizada por Enzo Morpurgo e Valeria Egidi Morpurgo, e *Psicopatologia della solitudine. Tra creatività e depressione* (Milano, Guerini, 2000), organizada por Emilia Costa.

ÍNDICE

INTRODUÇÃO 7

CAPÍTULO I
Solidão: condição universal ou epidemia contemporânea?

1. Diante de nós mesmos 13
2. Precisar dos outros 15
3. A multidão solitária 18

CAPÍTULO II
Estar só e sentir-se só

1. Sentir-se só, em companhia 26
2. Estar só, sem sentir-se só 29
   2.1. Fortalecimento das faculdades cognitivas 30
   2.2. Estados de alma positivos 31
   2.3. Efeitos terapêuticos 35
3. Estar só e sentir-se só: quando e por quê? 38
4. Os sintomas do sentimento de solidão 44

CAPÍTULO III
Fatores objetivos: gênero, estado civil, idade

1. Diferenças sexuais: a solidão é mulher? 50
2. Casados, viúvos, divorciados e solteiros:
   estado civil e solidão 51
   2.1. A solidão do casamento 53
   2.2. Os "não-casados": uma categoria heterogênea 56
   2.3. Viúvos e divorciados: a solidão da perda 57
   2.4. Os solteiros: qual é a solidão? 62
   2.5. Casados e não-casados: diferenças sexuais e solidão.... 67

3. Crianças, adolescentes e anciãos: idade e solidão 68
   3.1. A solidão das crianças 68
   3.2. A adolescência: a idade da solidão 72
   3.3. Terceira idade e solidão 78
4. Competência social e vulnerabilidade à solidão 82

CAPÍTULO IV
Fatores subjetivos: entre as necessidades sociais e as interpretações pessoais

1. Necessidades relacionais e solidão 87
   1.1. Origem e função da solidão afetiva 91
   1.2. Necessidade de pertença e solidão social 95
   1.3. Comunicação de si e sentimento de solidão 101
2. Aquilo que "faz a diferença": as expectativas pessoais 107
3. Solidão como falência relacional 113

CAPÍTULO V
Solidão, baixa auto-estima e depressão: estradas de mão dupla?

1. Da baixa auto-estima à solidão 123
   1.1. Baixa auto-estima e estranhamento de si próprio 123
   1.2. Baixa auto-estima e relacionamentos sociais
        insatisfatórios 125
2. Da solidão à baixa auto-estima 130
3. Solidão e depressão 133
   3.1. Depressão e solidão: outra estrada de mão dupla 135

CAPÍTULO VI
Como intervir?

1. Estratégias espontâneas para não se sentir só 138
   1.1. Estratégias mentais 138
   1.2. Estratégias comportamentais 140
   1.3. Internet: oportunidade ou ameaça? 142

2. Intervenções "estruturadas" contra a solidão 151
   2.1. Intervenções psicológicas 151
   2.2. Intervenções sociais 155
3. Um exemplo de terapia cognitiva 158

CAPÍTULO VII
Entre a necessidade dos outros e a necessidade de si mesmo

1. Como buscar os outros? 168
2. Saber estar só para estar bem com os outros 171
   2.1. A necessidade de estar só 174

NOTA BIBLIOGRÁFICA 177

Impresso na gráfica da
Pia Sociedade Filhas de São Paulo
Via Raposo Tavares, km 19,145
05577-300 – São Paulo, SP – Brasil – 2006